嘘の歴史　序説

ポイエーシス叢書 70.

Jacques Derrida　Histoire du mensonge. Prolégomènes

ジャック・デリダ　西山雄二｜訳

未来社

"HISTOIRE DU MENSONGE" DE JACQUES DERRIDA
© EDITION GALILÉE, 2012

This book is published in Japan by arrangement with EDITION GALILÉE,
through le Bureau des Copyrights Français, Tokyo.

本論は、一九九七年四月にベリの国際哲学コレージュで実施された講演である。これは、一九九四―九五年にベリの社会科学高等研究院（EHESS）で講じられたセミネール「責任の問い IV――証言」の短縮版になっている。

本論は、ペギー・カムフによって英語に翻訳され、公刊された（Jacques Derrida, "History of Lie", *Without Alibi*, Stanford University Press, 2002）。フランス語では、『カイエ・ド・レルヌ ジャック・デリダ』でまず発表された（*Cahier de L'Herne Jacques Derrida*, Marie-Louise Mallet et Ginette Michaud (dir.), Paris, L'Herne, 2004）。本論は、ジャック・デリダによって「別の仕方で思考する――不可能なものの可能性」という総題のもとに集められた、フランス語では未刊行の諸テクストの総体の一部をなしている。

この新たな版を作成するためにさまざまのその支援をしていただいた点で、ガリレ出版社は、マヌスクリプト・デリダ、マリー＝ルイーズ・マレ、ジネット・ミショー、ジャン＝リュック・ナンシーに感謝申し上げる次第である。

目　次

嘘の歴史　序説 ………………………………………………… 7

Ⅰ ………………………………………………………………… 37

Ⅱ ………………………………………………………………… 57

Ⅲ ………………………………………………………………… 69

訳注 ……………………………………………………………… 95

凡例 ■

・本文の原註は〔　〕で囲み、説明を加えた。

・原文中の著者による補足説明は（　）のまま掲載した。

・原文中の（　）は、説明を加えて補足し、原文のとおり掲載した。また訳註は〔　〕を用いた。

・訳文中のイタリック体は傍点で示すか、あるいは訳者による強調、説明・補足を示す場合には〔　〕で示した。

・原文中のイタリック体は原語を指示する場合に傍点で示すか、あるいは訳者による強調、説明・補足など示した。

・訳註は★で示した。

嘘の歴史　序説

装丁──ウフ田ジント

題辞に触れる前に、二つの告白に時間を割かせてください。ともかく、私がみなさんに信じてもらうようにただもにお願いしなければならない告白なのです。

　二つの告白——それはつまり、二つの譲歩でもあります——は、誠実であろうとして、なにか寓話的なことや幻想的なことをやはり語ってしまうでしょう。より正確に言えば、寓話〔fable〕や幻想〔phantasme〕という言葉で私たちが理解しているもの、つまり、なにか亡霊の回帰のなんらかの兆しを語ってしまうでしょう。ファンタスマ〔Phantasma〕は、ギリシア人たちにとって、亡霊の出現や幽霊の姿、幽霊の現象をも名指しています。ところで、寓話的なものと幻想的なものには共通の特徴があります。厳密に言うと、これらの語はその古典的で卓越した意味で、真にも偽にも、誠実さにも虚偽にも属してはいません。両者は潜在性の薄明のなかで、還元不可能な類の模像、さらには偽装にむしろ似ています。存在でも無でもなく、可能なものでさえなく、存在論や模倣学が説明したり、打ち勝ったりしうるものではないのです。神話と同様に、寓話や幻想はたるほど、真理や真なる言述そのものではありません。しかし、それ

チェ、舞台に関する真の世界を登場させません。だから作り話が最後には「歴史の歴史[afabulation]の叙述」——作り話とは、虚構的物語は「歴史の歴史」であり、真の世界に関して、真実に関して、真実であるか否か、真の物語であるか否か、作り話であるか否か、これらの問題に危険がありますが、私だからこそ私が語られたことが真実らしく見え、知名な告白をだけでは、語られた物語を少し歩めば、誤謬、欺瞞、偽証、偽書がはからずも露呈するような。

チャモレスのフェールは、最初の言葉を規案され、あるいは有名な言葉の告白は、最近私が大変心を寄せている『偶像の黄昏』に関して、近く私大関心を寄せているフェール

真の世界を「虚構の物語」ととるか、「歴史の歴史」ととるか。――作り話が最後には真実に至るという観念以外、私だからこそ私が語られたことが真実らしく見え、まさに出来事な作り話ではない

チェ、真の世界は物語の歴史に関して、真の物語に関して、真実であるか否か、私だからこそ私が語られたことが真実らしく見え

★2

★3

「ある」と語ります。次に、女性の特徴を備えたキリスト教の約束、次に、カントの定言命法「ケーニヒスベルクの着白な観念」、次に、実証主義の鶏鳴、そしてソクラテス、ツァラトゥストラの真昼です。私たちはこれらの亡霊たちをふたたび呼び直しますが、ニーチェが呼んではいらない別の亡霊、聖アウグスティヌスにも訴えることにします。たしかに、聖アウグスティヌスは、その優れた嘘論（「嘘について」「嘘に反して」）において、聖パウロとの対話を続けているのですが、聖パウロは激烈なニーチェの特権的な敵、もっとも親愛なる敵でした。

しかし、この寓話的なテクストの記憶が私たちのもとをどうしても離れないとしても、嘘の歴史は誤謬の歴史ではありえません。この誤謬が、真理そのものの歴史それ自体において、真理を構成する誤謬であってもです。ニーチェのこの論争的で皮肉なテクストにおいて、作り話に関するこの寓話の着想において、真理、「真の世界」という観念は「誤謬」なのでしょう。「道徳外の意味における真理と嘘に関する理論的序説」☆1(一八七三年)においてさえ、ニーチェは誤謬と嘘のあいだ、すなわち、真なるものと誠実なもののあいだになんらかの連続性を措定ないし仮定し続けていて、実際、そのおかげで彼は道徳外のスタイルという中立性において、理論的で認識論的な問題として嘘を論じることができるのです。この振る舞いは非正統なものでも、利得を欠いたためでもありません。しかし、私たちがこの議論に立ち戻ることができるのは、あくまでも、嘘の還元不可能なまでに倫理的な次元、嘘そのものの現象が、認識、真理

☆1 Friedrich Nietzsche, *Introduction théorétique sur la vérité et le mensonge au sens extramoral*, dans *Le Livre du philosophe - études théorétiques*, tr. fr. A. Kremer-Marietti, Paris, Flammarion, 1991, pp. 115-133. (この編考は次の題名で刊行されている。*Vérité et mensonge au sens extramoral*, dans Giorgio Colli et Mazzino Montinari (dir.), *écrits posthumes 1870-1873*, *Œuvres philosophiques complètes*, I, 2, tr. fr. M. Haar et M. de Launay, Paris, Gallimard, 1975, pp. 275-290.【編註】「道徳外の意味における真理と虚偽について」渡辺二郎訳『ニーチェ全集3』ちくま学芸文庫、一九九四年、三四五―三六六頁。)

すのち並びに外曲された翻訳をも意味する嘘だけに「嘘」が造さ

のように保護された対話しては決して単純化するわけにはいかないゆえに、経験のすべて、原則上、騙されること、すなわち、欺瞞[tromperie]「間違う」という

ですが、そのようにたとえその身代わりであっても、それは、誤謬や欺瞞を含んでいるだけに、嘘をつくことは間違う

たとえその裏切りな身代わり、それはほんらい、誤謬とは、欺瞞[se tromper]「騙される」のであり、嘘は誤謬でありつつも、嘘をつくことは

というのも、現代的な、その種類にすぎない。少しも、嘘だけに、騙すことから、嘘は誤謬ではあっても、嘘をつくことは間違う

的な政治的な者物だ。また、意味をあらわし、虚偽の論理の範疇に含まれた、詐欺的な、誤謬に向けて、私はこのことを数歩踏みこえて、倫理的な

的な歴史的関係を、少なくとも潜在的なく、誤謬と欺瞞を含んでいるようなものだが、古典的な規定からある深遠なる深慮を踏まえた、嘘をめぐる倫理的な

的な参照をも含んで。すなわち物事を『ヒッピアス（反）』のような、意味するものが、ある元にある

私がそのような仕方でそれを単純化する嘘のようなものだが、虚偽をめぐる同上の原則、その古典的な歴史的な仕方で深く考慮に入れられた次

目の反対に言えば、通常な誤謬とは、誤解。嘘は間違うこととは同違う

的な偽りをも意味するだけに「嘘」[pseudos]は、経験のすべて、原則上、間違う。その古典的な歴史的な仕方で深く考慮に入れられた次

真偽という問題と政治的内的歴史的な仕方で深く考慮に入れられた次

しているということです。プセウドスの複数の意味——少なくとも三つの意味——をみずから区別し
ながら（物〟ôs pragma pseudó 存在しないことを言い表わす言述〔logos〕、そうした言述を好む
選択する人間〔anthropos〕——これは嘘つきであり、嘘です）、アリストテレスは『形而上学』（第
五巻 第二十九章 1024b-1025a）において『小ヒッピアス』の数多くのテーゼ——そのうちのひとつによ
れば、嘘つきとは嘘をつく能力を有する人物です★5——にすでに異議を申し立てています★6。アリ
ストテレスが明らかにしていることで、これは私たちにとって重要な事柄の核心なのですが、
嘘つきたんに嘘をつくことができる人物ではなく、嘘をつくことを好む人物であり、また
嘘をつく傾向があり、嘘をつくことを選択して、意図的におこなう人物です。したがって、こ
れはプラトンの別の反論ですが、こうした人物は非意図的な嘘つき——そのような者が実在
するとして——よりもたちが悪いのです。こうしたアリストテレスの嘘に関する記述の類に対
して「ロゴスのアリストテレス的規定」というタイトルのもとで、ハイデガーは一九二三-
二四年のマールブルク講義☆2——最近〔一九九四年〕刊行されました——で数頁を割いています。下
準備として私から注記しておきますが、たとえばのちに『存在と時間』の現存在の分析にお
いて、嘘そのものの主題が主要な位置を占めなかったとしても、いくつかの理由でこの点を
分析することは興味深く、必要なことでしょう——、一九二三-二四年には、おそらくすでに
単純な人間学を超えて、自我や意識、心理学や道徳の理論を超えて、ハイデガーは現存在

☆2 Martin Heidegger, « Die aristotelische Bestimmung des logos » (« La détermination aristotélicienne du logos »), dans *Einführung in die phänomenologische Forschung (Wintersemester 1923-1924)*, dans *Gesamtausgabe*, vol. 17, Livre I, ch. I, §2, Francfort-sur-le-Main, Klostermann, 1994, p. 35. 〔『現象学的研究への入門』加藤精司ＡＢ・くねルマ訳、二〇〇一年、創文社、四五頁〕（この著作からの引用はすべてジャック・デリダによって翻訳されている）。

のことを指摘しているのです。

彼は信念をいつわっているのであって、言葉をいつわっているのではない。重要なのは、善意の問題だからです。嘘とはつねに、自分が信じていないことを、自分が信じているかのように他人に伝えることなのです。

嘘をつく者は、信念と、それを他人に伝えることとの間にある区別を間違えてはいないのです。だから私が自分の信じていないことを言うとき——それを私は嘘と言うのですが——それは私が間違っているからではありません。私は嘘をつくことを、自分の言いたいことを偽ることを、間違ってはいないのです[★]。

キリスト教は「真の世界」の存在を、真理への信念を教えました。実証主義は疑念を、私たちが信じ込んでいるすべてのものに対する嘘を抱えもつ可能性を担い始めます——

言葉は欺瞞と嘘という現存在を言い表すと言えます。「言葉は欺瞞の可能性を、嘘の可能性を与えますから。」彼は言います。言葉は——それをメンティーリ〔嘘をつく〕と言う前に彼は「意味する vouloir dire」と記しています。

[★] 欺瞞と嘘という——

---

[23] 「本当は偽っていると見なされうるだろう (cuiusmodi falsum sit)」。「嘘をつくつもりならば」という意味では、たとえそれが本当のことであっても、偽っていると知られるのである。自分の思うことと真実が異なる場合、たとえそれが真実であっても、偽っていると見なされうる。

(si credit aut opinatur verum esse quod dicit)

Saint Augustin, Le Mensonge (De mendacio), Première Partie, Ire section, III, 3, dans Œuvres, , t. II, tr. fr. G. Combes, Paris, Desclée de

Brouwer, 1948, p. 237.

が、この区別は私たちにとって、今日もなお、今日新たな仕方で、きわめて重要です。嘘をつくことは、ときには、本当のことを言いながらでも、他人を騙そうと欲することなのです。嘘をつかないで間違ったことを言うことができますが、騙すために、つまり、嘘をつきながら、本当のことを言うこともできます。しかし、自分が言うことを信じているならば、信心を込めているならば、たとえそれが間違っているとしても、ひとは嘘をついてはいません。「だが、信じるに値するようにみえること、みずからの見解によって本当とみなすことを語る者は、たとえそれが間違っているとしても、嘘をついているわけではない」と明言することで聖アウグスティヌスは自分の嘘を、自分の嘘としての「自分を騙すこと」を排除しているようにみえます。この問いはもはや私たちのもとを去ることはありません。ずっとあとでそのままに政治的な尺度を取り上げなければならないでしょう——自分への嘘は可能か。いかなる自己欺瞞も、いかなる自己への狡智も嘘の名に値するのだろうか。一言で言うと「自分を騙すこと [se tromper]」という表現★——この特有表現はフランス語において実に豊かで、実に両義的です——をいかに理解すればよいだろうか。それは自分への嘘か、それとも、間違いか。

　嘘に歴史があると信じることは困難でしょう。嘘の歴史など誰があえて語るのでしょうか。そして誰がそんな歴史を真の歴史として約束するでしょうか。嘘に歴史があるとしても——そ

様々です。無数にパターンがある虚構のうち、「嘘」とはいかなる虚構なのか。自分が負っている「嘘」は、他人にやすやすと触れられない絶対的な認知の図式的な根拠に依拠したものである。というのも、「嘘」は虚構の一種であり、あらゆる虚構の根幹にある本性に触れられているからである（しかし、そうした根拠にふれる目指すことが、本書の一つの役割である）。『嘘=虚構』という話題が再び有効になるためには、「嘘」の発見の第四歩は、「嘘」が帰属する意義を説明しなければならない。

「嘘」には、真実を隠す「偽装 [dissimulation]」と、偽りを真実として言いつくろう [simulation] がある。彼らによって虚偽の名のもとに、「嘘」は別の重要な虚構論と、「虚構」という言葉の深遠な論考を合わせてみよう。だが、ここでは詐欺の実務や義務など別の他人を含んだ一番の悪い意味での嘘が問題になります。それは、言うまでもなく私たちが「嘘」という言葉を使うことを忍耐する他人の分類から真実を隠してしまいますが、自分に対しての嘘は限りなく人を分類する書学全体と黙しているのではないか。

彼は言うことを別の問題と同じ

歴史的な所与によってやすやすと再びやられることはなかったとしても、総括的な絶対的認知の図式にある目指すのであれた。だが容易に嘘をつくことであるように目指すのですが、それは真理を譲歩させるための偽装化=真理化であり、容易に譲歩されることはなかったから。それはまた偽りを真実として目指しますから。（道徳外の意味での歴史というのも、嘘や偽言名の歴史へと働きかけることのできるような歴史を語るような真理の歴史、誤謬や偽言名の歴史へと働きかけることのできるような真理の歴史、誤謬や偽言名の歴史を語るような真理の歴史、誤謬や偽言名の歴史を語る真実であるが

★9 [vérification]

★10 [道徳]

歴史的な過程によって所与のものにやすやすと触れられる。

Jean-Jacques Rousseau, Les Rêveries du promeneur solitaire, « Quatrième Promenade », dans Bernard Gagnebin et Marcel Raymond (éds), Œuvres complètes, t. I, Paris, Gallimard, coll. « Bibliothèque de la Pléiade », 1959, p. 1029.

夢は、日本文学の想像力を養うと蘭は三国志以来（『嘘と文学的想像力』、一九九四年、独歩歌集「嘘を吐く」）今日、独歩歌集「嘘を

★ ルソーは「自分の利益や他人の利益に関わる虚偽を (fiction)、同じく他人に損害を与えるような嘘を[calomnie]、自分に利益を与え他人に損害を与えるような嘘を[fraude]、[imposture]、他人の利益にも損害にもならない他人

すれば「そのとき彼は嘘をついているか、それとも嘘をついていないのか」というコーは問いかけたうえでこう答えます。「定義によれば、彼が嘘をついていると言うことはできないだろう。何も借りのない人に賠金を与えるとして、なるほど彼はこの人を騙すのだが、盗むわけではない」。このことは、彼を嘘から除外するような定義が的確ではないことを意味しています。盗んでいないにせよ、騙すなら彼は嘘をついている、とカントなら言うでしょう、彼によれば、ひとが他人に話しかけるやいなや、誠実さ＝真実性〔véracité〕★11 は、つねに義務なのです。

すぐにこの点に戻りますが、しかしこの嘘と金銭との、さらに賠金との、いわば信用提携について長々と話さなくてはならないでしょう。それ自体で嘘の言説に等しい賠金についてのあらゆる言説だけでなく、嘘を定義するためにしばしば現われる賠金のことにも触れておきましょう。この提携はモンテーニュ★5からカントまで、さらにフロイトに至るまで、意義深く、終始一貫したものです。フロイトは「子供のついた二つの嘘」★6 と題した一九一三年の短いテクストにおいて、驚くべき仕方でこれをエロスによって解釈しています。金銭のために裏切るユダの姿に彼の患者の一人が自分を重ねるのは偶然ではありません。

必要かつ巧妙な区別を何度もくり返したあげく、「誠実さ」「実直さ」「公正さ」といった彼の信条表明を通じて、「真偽という抽象的観念」よりはみずからの「良心」の「道徳的指図」に従っていたことを強調したのも、それでもなおコーは自分が罪を免れたとは考えません。彼

一』（岩波現代全書、二〇一五年）やセルジュ・ビジミ『嘘について――ジャン゠ジャック・ルソー、文学の嘘と政治の嘘』（畑浩一郎訳、水声社、二〇一一年）を参照されたい。

☆5 Michel de Montaigne, *Essais*, « Du démentir », Livre II, ch. XVIII, dans Albert Thibaudet et Maurice Rat (éds), *Œuvres complètes*, Paris, Gallimard, coll. « Bibliothèque de la Pléiade », 1962, p. 649. 『エセー（四）』原二郎訳、岩波文庫、一九六五年、第三巻、第十八章「嘘をつくこと」、二二五頁。「いまの私たちのいう真実とは、本当だと思い込まされている事柄である。もちろん私たちがお金という言葉で正貨だけでなく、通用しているものを呼ぶように、偽金をもそう呼ぶように。」

☆6 Sigmund Freud,

が、わたしは——まあ、感受性をめぐるこの後の打つ理論的自状からおそらく自分はおよそその理論から自分を免責するための嘘だったかもしれない。その概念的な区別が自分を免責するための理論的な巧妙な策略であり、わたしが自分のためにこしらえあげた嘘の体系のなかにはめこまれた嘘の巧妙な策略であり、そのための理論的な自状だったのではないか——という可能性。

わたしは今後、他人に対して誠実であろうとする自分の義務に関して、「別」の自状を誠実に発揮するという実践理論を、自分が沈黙を守ることのなかに発揮するのだ。わたしが自分に課した義務は、この「別」の区別によって自分を免責するための実践理論だったのではないか——。わたしが自分に課したのは、「私」を他人に対して別の状態へと向かわせるだけの技法にすぎなかったのではないか。「私」の義務を自分に課したのは、自己に対する誠実さのためではなく、むしろその自己を「別」の問題へと限られた状態へと向かわせるだけの技法にすぎなかった。「心」の問題を自己の「別」の問題へと分割して、自己のなかに「別」の領域をつくりだすこと、それが可能だったのではないか——。

その狂気へと向かわせた他者の、そのための善意的な意図を排除していくことが可能だったのではないか。その他者の言葉を自分に付け加えていくことは不可能だったのではないか——。それは正しい推測でしかなく、その言葉にすぎなかったのだから。それは他人に対して別のことを言っているにすぎなかったのだから、それは自分の可能性をあらかじめ自分のなかにつくりだすための概念でしかなかったのだから。自己のためにあるのではなく他人のためにある、というこの「別」の概念がもたらす可能性でしかなかった——。

不満足な「区別」は、自分のためにこしらえた嘘であるかもしれない可能性でもあるし、自分自身に対しても嘘でありうる可能性でもある。他人に対してだけではなく、自分自身に対しても嘘をついていた、という可能性。自己を傷つけてはいけないという義務の前提を、自己の義務の前提として、その苦しみを自分に課していたのだ。この義務は可能性の前提として経験していたのだ。

通じて不可能だと思われたことを、十分に負わされていたのだ。他人に対して、自分が負わされたことに、自分が振舞い得たのは、最後の最後まで、自分が自分に負わせていたという自負によってである。自分自身に対しては不可能なことだったとしても、自分に対して負わせなければならなかったのだ。

小道具使用の幼稚さにもかかわらず、彼が医者であるといった役柄を演じて総じて一九歳の兄にくらべてあまり賢い少女ではなかったという事実、約束された金を実際彼女に渡した、という事実その他の物的証拠があったにもかかわらず、兄は抗弁しきれず罰を受けた。彼女は発覚以前に彼の的

« Zwei Kinderlügen », dans
Gesammelte Werke, t. VIII,
Werke aus den Jahren 1909-
1913, Francfort-sur-le-Main,
Fischer Verlag, 1943, pp.
422-427, tr. fr. D. Berger et
J. Laplanche, « Deux
mensonges d'enfants », dans
Névrose, psychose et perversion,
Paris, PUF, 1973, pp. 183-
188. 【訳書】『フロイト全集9』
竹田青嗣ほか訳、岩波書店、
二〇〇九年。

真でなくてはならない。それは誠実な人が自分の尊厳のために表わすべき敬意なのだ』。スノーは許しがたいということの告白をさらに先まで進めます。彼によれば、自分の「会話」の不毛さを「補う〔suppléer〕」ためのあれこれの嘘、さらにあれこれの創作された虚構を白状するだけではすまないのです。彼はますますみずからが選んだ譫語そのもののために、嘘だけでなく作り話や虚構をも排除しなくてはならないという実に容赦ない譫語のために、自分を「許しがたい」と判断するのです。☆7 それがいかに高くつくにせよ、この誠実さ＝真実性の倫理は、つねに犠牲の神聖な倫理なのです。スノーは実際、聖別の符号でこのことを語っており、犠牲の語彙を用いています。

模像〔シミュラークル〕、寓話、神話に捧げられた嘘に関する新しい形式の産物に捧げられた、数多の嘘の虚構的な歴史、数多の巧妙な言説をすべて想像することができます。嘘に関する新しい形式と言いましたが、これはしかし、虚妄の歴史ではありません。つまり、嘘についての古典的で支配的な概念★12を信用するなら、これは真ならざる歴史ですが、しかし、罪のない無害な歴史であり、偽誓や偽証を免れている模像なのです。すると、真ではないとはいえ嘘をつくことがなく、ここかしこで誰かを喜ばせ、さらには誰かのためになっている嘘の寓話的な歴史をなぜ語らないのでしょうか。誰にも害をなすことがなく、ここかしこで誰かを喜ばせ、さらには誰かのためになっている嘘の寓話的な歴史をなぜ語らないのでしょうか。

みなさんはここで、私が嘘についての古典的で支配的な概念をかくも執拗に引きあいに出す

出来事の口止めとして小銭を受け取ったヒロイン。この少女について、誰かから金銭を受け取ることは肉体的な関係を認めることを意味していた。父からも領からも否定された愛しさと、彼女の性愛に心的外傷が残されたのである」

☆7 スノーの告白はこのことを明白に記しています。こうした嘘の思想はいかなる場合でも犠牲の思想と切り離すことができません。「だが、私をそちらに許しがたい人と同じにするのは、あの嘘を、あの嘘語にまつわるすべての厳しい信条を、真実であることの私の、まさに厳しい課しているのだ。だから、真実を犠牲にする好みでも、自分自身を犠牲にするためにも、自分の恋人を犠牲にするのでもない場合には、真実であるための勇気と力を

「私の言ったことには厳密な意味での真実はなかった。それは条件つきではあるのだが、達が適切であるなら、主張する人に対して、誰かが証明するようなことではない。私はそれに対して、自分が考えていることを願っているだけなのだ――これらの特徴的な実践的な争点が、私の状況は――今、古典的な支配的な意味であるかのように。だが、数々の事実を述べたのではない。私は絶対確実な点を強調したのだから、証明の理由からそれが証明されねばならないというのは不可能なことだったからである。この人物を告知する仮説というのは――ひとつの仮説だったので、その人が告知する条件なのだ――

だが、他人を欺くことが問題なのではない。私が嘘をついていたとしても、それは誰も傷つけないし、私自身を傷つけることもなかった。だから私は、細やかな配慮のなかで、嘘をつくことは事情によってはよいことであり、真実を語るのはむずかしいことなのだ、という条件間。正当な理由があるなら、私がそのように言うのは細やかな配慮があるからであって、私は嘘をつくのではない。

それゆえ、これらの理論的状況について、私が政治的な文化的な争点について嘘をつく人を引き合いに出したとしても、嘘をつく人が考察を向ける方法がある。という参考がある。それゆえ、これらの古典的な概念に関わる

などなく、私には善意があります」。あるいはさらに、言われたこと〔le dit〕、言うこと〔le dire〕、言わんとすること〔le vouloir dire〕のあいだでつねに生じうる相違を盾に取り、言語、修辞、文脈の諸効果を申し立てて、「私はそう言ったのですが、それは善意から、心の奥底で言いたかったことではありません。そのようなことは私の意図ではありませんでした。誤解があったのです」。このような申立てを認めないとしても、けっしてなにも証明することはできず、ここから結論を導かざるをえません。これらの結論は手強くて限度がないのです。

したがって、これが、私がここで定式化しなければならないと思っている、嘘の伝統的な定義に対する定義づけです。万人に認められているその支配的な形象において、嘘とは事実や状態ではなく、意図的に志向的な行為であり、嘘をつくこと〔un mentir〕なのです。嘘というものの〔le mensonge〕はありません。この言うこと、この言わんとすることがあって、それが嘘をつくことと呼ばれるのです。「嘘とは何か」と問うよりも、「嘘をつくことは何をなすのか、そしてなによりも、嘘をつくことは何を欲しているのか」と問うべきかもしれません。嘘をつくさい、他人に声をかけますが(なぜなら、私たちは他人に対してのみ嘘をつくのであって、他人のように自分に嘘をつくことを除けば、自分自身に嘘をつくことはできません)、それはある言表、ひとつ以上の言表、ある一連の(事実確認的ないしは行為遂行的な)言表を他人に差し向けるためになされます。嘘をつくとは良心に恥じることなく、つまり明瞭で主題的な現在の意識

彼は真実を裏切る約束に対する黙約を破るのです。あるいはまた、嘘つきは、言表全体の言表行為の内容的部分に関して相手に知らせるという黙約の場合もあります。その場合には、簡略化するならば、言われていることを信じさせるように言われている黙約を破るのです。

少なくとも受け取る人に信じ込ませるように——その他者は複数でありうるのですが——という目的に向かって、自己欺瞞［la mauvaise foi］★13、すなわち自己自身に信じ込ませるという結果に向かって、信用、信頼、良き信＝誠実さ［la bonne foi］を傷つけるのです。それゆえに、嘘は他者の意図＝志向性の多元的で複雑な現象であり、裏切りの内容は部分的にのみ知的なものであるだけでなく、他者の意識への過失でもあり、他者の意識に対する嘘であるという主張になるのです。この内容は、負債や負い目といった義務の関係、約束や責任に対するコミットメント、内容ではなく内容に向かう行為に対するコミットメントへの裏切りなのです。嘘をつくことは、嘘の内容を知らないことや、自己自身の知を知らないことではなく、他者に対してその知を与えないことなのです。

その結果、言われていることが真実であるとしても、その言表が嘘でありうるということになります。というのは、嘘をつくことは、自分が言うことの内容が真か偽かにかかわるのではなく、次元が異なるからです。その結果は複数でありうるのですが……

で重要なのは、つまり、意図＝志向〔intention〕です。アウグスティヌスもまた、この点を強調しています。意図がないのなら、騙そうという明白な欲望や意志がないなら（fallendi cupiditas, voluntas fallendi）、何を言おうと嘘はない」と言うほど、言う行為の次元において誠実さ＝真実性ないし嘘を定義づけるこの意図は、内容＝言われたことの真実あるいは間違いとは無関係のままです。嘘は言うことや言われたことよりも、言うことに起因していて、言われたことに起因していません。「自分が正しいと信じている間違った主張を言っても、嘘をついているわけではない。むしろ、自分が間違っていると思っているを正しいと主張を言うと嘘をついているのだ、なぜなら、意図によって（ex animi sui）、行為の道徳性を判断すべきだからである」。

この定義は明晰かつ判明、明白であると同時に、凡庸にさえ見えます——ただし、無限に重層決定されています。一歩ごとに道を間違えかねない迷路なのです。私たちの分析ではこの定義の要素のおのおのが必要となってきます。この分析が私たちに要求するのは、意志、志向性、志向的意識とその自己くの現前の本質を正面から論じることです——ただし、私たちは数々の明白な理由からこの要求に適わなくなるのですが、嘘の問いは志向性、意志、意識、自己現前、あらゆる現象学、等々の本質と歴史の省察のための特権的な導きの糸でもあるべきです。もちろんこのことは留保しておきましょう。こうした留保が私たちに課せられるのは、ただ、使える時間の制約によるものではありません。嘘の概念を解消したくないなら、つ

☆8 Saint Augustin, *Le Mensonge*, dans *Œuvres*, t. II, *op. cit.*, pp. 244-246.

☆9 *Ibid.* 別の仕方でプラトンの『小ヒッピアス』は、嘘をつきたいと思うが真実を言う可能性（間違いを言いながら嘘をつくという可能性）をも考慮しているままにした（367a）。「無知なる者は、偽りを述べたくてもそれができない。なぜなら、あなたは真実を述べてくることがままある…しれないが、君の方は知なる者であるのだから、偽りを言いたいと望む以上に、偽りを言うことができる、というわけだ」「ヒッピアス（小）」戸塚七郎訳『プラトン全集10』に収録、岩波書店、一九七五年、八五頁〕。

様にも、それを見いだしうる的であれ真実を言えるのかもしれない。また私たち

簡略だけの根本的な公理というよりは、現象の開花的可動的役立ちが無知＝非志向的嘘経験をなぞり

れどこれは、というよりは的役立ちが私たちに流立たせる意義の困難をなうま

ど公理ではないからといって無要求は可動的な役立を奉仕させる意志的な嘘をうます

決定しておきなさい嘘を言う嘘が仕込まれた善意志的＝全面的な保持してい

な倫理ですかそれは私たちにたち自身に適応させて善意識的な嘘の概念にい

な参照を必要とし嘘だろう私は折り目の自己欺瞞の潜在意識的中間色の流

嘘を誠実さとはう真実的な観念子に嘘をつくわけではない無意識的な嘘をべ粗野な

必要としますが権利の稜線はおいてしっつ適応させて決定不可能な中間色た

な対立あなは政治的な争点をしっつ他者や自己へ可能性へ自己自己図＝向

うした自己欺瞞の精巧より重要な役立たせる厳密な位階とし不決定可能の古典的理論であ

等々そして、その後可欠と同じか不決定対立した嘘の対象となるため有責任とし不向的な暗半分か

22

な、しかしまた、粗野で容赦ないこの嘘の概念に対して、私は嘘の率直概念〔franc-concept〕と異名を与えることを提案します。これは正面からの鋭利な率直さのことです（他のあらゆる考慮から解放されるとき、その現象がまったく純粋な状態で、発見不可能で、証明不可能なままに、理論的で規定的な判断には到達不可能なままだったとしても）。この率直な定義をなお混乱させるような巨大な諸困難のなかで、少なくともさらにその二つを指摘しなくてはなりません。二つともある沈黙に関係します。まずは、ある種の黙すること、隠蔽という困難で、さらには、すでにお話しした沈黙の擬態という困難です。この擬態については、有限な言語が「真理をすべて言い、真理以外のなにも言わない」という義務というのは履行するために、この擬態を終わらせられるかどうかを知るのは難しいです。親愛なるモンテーニュはすべてを言うことのこうした不可能性、嘘のこうした無際限性についてすでにすべてを語っていました。

　もしも、嘘が真実のように、たったひとつの顔しかもたないのであれば、私たちはずっとよい間柄でありえるだろう。嘘つきの言っていることの逆を確実だと思えばよいからである。けれども真実の裏面は無数の形姿と無限の広さをそなえている。☆10

　しかし、先ほど私はとても急いで議論を進めてしまったので、嘘が、あからさまな嘘を

☆10　M. de Montaigne, *Essais*, « Des menteurs », Livre I, ch. IX, dans *Œuvres complètes, op. cit.*, p. 38. 〔『エセー（1）』、第一巻、第九章「嘘つきについて」、六六頁〕

同時に、というのが、嘘のみが、それが善意の嘘か否かという惣の良い、スト（fake orgasm）ではあるのよ。他者を騙すのにえて、脈絡の、「ねえ」の宣言的陳述か「物えっ」、動

嘘をつくという行為は、内部の、困難、文献、主題したい、今、礼節、（隠蔽と、私はあるまいか、役立つのは、かに役立つのは、われるのはなぜか

行為性は現実や真実、虚偽という、信憑性を、事実確認を、嘘という、外部、言葉の同時発信という言葉の外部という文献、嘘という言葉を主題する★14、眼差しと表明だけにとどまらない明示的目論見と呼ぶことが最悪の偽装や擬態や経済（mendacium officiosum）という、世の中の最良の嘘と、嘘の関係を同定しなかった、かろうじて残るわけだ

現実や真実を創造し、信憑性という効果を生み出すための約束を行う行為であり、行為遂行的な行為であり、行為遂行的な規定に依拠した確認の表象

存しないとみなされています——〈の参照を含んでいます。真実性に対して嘘を裁決するこ
と、つまり、事実確認の要求を含む行為遂行的な経験そのものを裁決することは、したがっ
て、真偽の区分がなんの妥当性ももたない——たとえば、この指標に限定するなら、アリスト
テレスがすでに真でも偽でもないと言い表していた祈り(eukhè)★15——あらゆる行為遂行的な経
験を除外することになります。祈りや呪いが言語のなか境界を画せる空間であろうとそうで
なかろうと——私は境界を画せるとは思わないのですが——〈嘘の無関税地帯 [une zone franche]〉
つまり、そのなかに嘘の率直概念 [le concept franc] が決定可能な境界を発見するであろう地帯を厳
格に隔離するために実行しなければならない並はずれた実現困難な除外がみられるのです。

しかしながら、私がこの重々しい事実を強調したのは、つまり、粗野な、まっぽうとした
堅固な、決定可能な嘘の定義を要求するに率直な定義が私たちの文化 [西洋文化] の支配的な概念
の輪郭を定めている点を強調したのは、それはなにより、いかなる倫理、いかなる法、いか
なる政治も、まさに私たちの文化において、この定義の純然たる消失に長いこと逆らってはい
ないだろうからです。このことを想起すること、知ること——しかも、知の彼方で知ること
——、思考することが必要です。私はある仮説にチャンスを与えるためにこの点を強調して
おきます。その仮説によれば、このような嘘の概念は文化によって、宗教的ないし道徳的な伝
統によって、そしておそらくかつ以上の遺産、言語の多様性などによって規定されていて

概念づけの実践、かつ概念の歴史という意味において、それ自体の歴史をもった嘘がひとつあるかもしれません。

第一に、この概念の歴史が哲学‐倫理的な歴史だとして、そのような倫理的な歴史だけでなく、また第二に、複雑きわまりない、権威ある嘘、嘘にまつわる権威という意味での権威に関する、嘘の倫理的‐哲学的歴史を君臨している文化的技術——同じく複雑な技術、嘘にまつわる相対的に良い認識があります★16。

嘘の概念が動いている効果、手段、概念相互の影響を与えるのである。嘘が歴史を生成する危険があります。嘘の内側の、内的な、社会的自己経験——解釈、固定可能な歴史的実行は歴史的文化区別されうる。

西洋（ヨーロッパ）における嘘のひとつの概念には、キリスト教、メシア、イスラムの歴史として君臨しているのです。

かりにこの嘘を、数々の理論的自体の歴史を、刻々の概念の理論的自体の概念と仮定するなら、その嘘を、私が言わんとすることは不十分ではあるが、私の意見では十分ではないのだが、他の概念を引き起こすことは歴史的文化区別された、

それ自体のひとつの歴史を、そして政治的な歴史を——
社会的な概念変形、政治的な概念だけでなく、法的、技術的な概念変形
私の歴史の仮説を、他の伝統を引き起こすことによって
仮説の歴史のもう一つの
検証

したければならないでしょう。

　私がここで一時的にいくらか特権を与えたのがこの最後の仮説です。しかし、次の三つの事象をどう区別できるでしょうか。つまり、（一）嘘の概念の歴史（Historie）、（二）嘘に対して、あるいは嘘によって到来したあらゆる出来事からできている嘘の歴史（Geschichte）、他方で最後に（三）これらの嘘、あるいは嘘一般の物語を秩序づける真の歴史（Historie, historia rerum gestarum［起こったことどもの記述］）です。どのようにしてこれら三つの務めを分離し、また交代させればよいのでしょうか。この困難を決して忘れないようにしましょう。

　あいかわらず、緒辞に到達してさえおらず、開始することさえ始めていないのですが、私は二つ目の告白をしなくてはなりません。みなさん方は疑うかかる権利があるのでしょう。もちろんどんなる告白にも疑う権利があるように。あらゆる類の制約から、とりわけ厳密に割り当てられた時間の制約から、私はすべてを語りはしません。嘘の歴史に関して私が考えうること の本質に関してさえ、すべてを語りはしません。私が嘘の歴史に関するすべての真実を語らないとしても、誰も驚かせはしないでしょう。しかし、今日、私が嘘の歴史に関して考えられうる、証言しうることのすべての真実についてさえ私は語りません。また、私からみて、こうした歴史を聞いたり語ったりするのに必要な方法――まったく別の方法――に関して考えられうる、証言しうることについても語りません。それゆえ、私は自分が考えていることについ

嘘は、政略家や扇動家（デマゴーグ）といった職業のみならず、政治家の職務にとっても必要で正統な

ハンナ・アーレントは嘘の歴史性、つまり嘘が政治という「真実」の領域の外部にあるからこそ「神聖な真実」の概念を規定するという特権的な立場にあることを一度ならず指摘しています。政治的な権能をもつ者が政治家の職務にある場合、あるいはその薄明のなかにある歴史を語ることができるとしても、それはひとつの名目であって[11]、嘘の名のもとにおいて、少なくとも私が真実を語るわけではありません。わたしはただ嘘をついているのであり、このわたしの証言は欠落しているのであって、ここでは真実なる神聖さへとかかわる時間まで、嘘をついている点においては、そのような神聖で逆説としての神聖さへとかかわるのであり、その歴史性は考えられなければならないでしょう。

☆11 J.-J. Rousseau, Les
Rêveries du promeneur
solitaire, « Quatrième
Promenade », dans Œuvres
complètes, t. I, op. cit., pp.
1027 et 1032. 『『孤独な散歩者
の夢想』足立……、
九九……年。』

道具ともうれに入れなされてきた。なぜだろうか。このことは一方で、政治的領域の本性や尊厳にとって、他方で真理や善意の本性と尊厳にとって何を意味するのか。[☆12]

このようにして「真理と政治」[という論考]は始まります。これは英語版の初版がまず一九六七年、「ニューヨーカー」という雑誌に掲載された論考で、当時は『エルサレムのアイヒマン』の公刊にともなうジャーナリスティックな論争の最中でした。誰もが知っているように、ハンナ・アーレントは、彼女なりのやり方で、アイヒマン裁判に対するジャーナリストとしての使命をみずからに課したのです。彼女はそして数多くの嘘や偽造を告発し、このため出版社は責めを負ったのです。彼女はこの文脈を「真理と政治」の最初の註でとり上げています。彼女はこうしてメディアの効果に注意を向けさせ、しかもそれを大手誌「ニューヨーカー」において、やってのけたのです。私は即座に、メディアの次元を、ニューヨーク的かつ国際的な出版の現場および新聞の見出しを強調しますが、それは――私はそう望んでいるのですが――たえず解を明かされ続けるであろういくつかの理由によるものです。彼女が何年かのち、一九七一年に「政治における嘘――ペンタゴン・ペーパーズに関する諸考察」を掲載したのは、当時の「ニューヨーク・レビュー・オブ・ブックス」でした（というのも、この新聞もまた歴史を持っており、ハンナ・アーレントはしばしばそこに寄稿していました）。ペンタゴン・ペーパーズに

☆12 Hannah Arendt, « Vérité et politique », *La Crise de la culture*, tr. fr. Cl. Dupont et A. Huraut, Paris, Gallimard, 1972, pp. 289-290. [「真理と政治」『過去と未来の間――政治思想への八試論』齋藤純一・引田隆也訳、みすず書房、一九九四年、三〇七頁]

能してしまうからでしょうか。それは、あらゆる種類の嘘をつくことができるのは、私たちの精神の、信じるという性質——その自己欺瞞の可能性——に発源した、私たちの開かれた長い時間にわたる能力に依存しているからであって、そうした能力がなければ私たちは、自己のまわりに私たちをとり囲んでいる世界のなかで、自己の方向を見いだすことができないだろう、という。

　私たちが関心のある種類の嘘、つまり不要で、悪質でもある嘘は、自己欺瞞と密接に関係しており、嘘をつく者が自己の嘘の歴史的検証を認識することが厳しくなるにちがいない、と思うのだ——。★13

　このアレントの言葉は、第二次世界大戦からベトナム戦争にいたるまでのアメリカの対外政策および内政にかんする一九六八年の国際的指示のなかでアメリカによって作成された秘密報告書——いわゆる「ペンタゴン・ペーパーズ」が、一九七一年に「ニューヨーク・タイムズ」紙上で公開されたことに対する彼女の考察に近いています。「ニューヨーク・タイムズ」に集められた人に公開されましたが、別の新聞——「ニューヨーク・タイムズ」と「ワシントン・ポスト」はそれをめぐる論争が起こりました。

☆13 H. Arendt,«Lying in Politics: Reflections on the Pentagon Papers », Crisis of the Republic, New York, Harcourt Brace Jovanovich, 1972, pp. 4-5. [« Du mensonge en politique : réflexions sur les documents du Pentagone », Du mensonge à la violence, tr. Fr. G. Durand, Paris, Calmann-Lévy, 1972, p. 8. 本書からの引用はフランス語版に依拠した。[邦訳——「嘘と政治——ペンタゴン・ペーパーズについての考察」山田正行訳『暴力について 共和国の危機』みすず書房、二〇〇〇年、一二頁]

もし歴史が、とりわけ政治的歴史が、よく知られているように、嘘で満ち溢れているのなら、嘘それ自体はいかにして歴史をもちうるのでしょうか。その経験があまりにも共有され、その構造があまりにも明白で、その可能性をまた非時間的であると同様に普遍的であるように思われるこの嘘は、それ自身にとって内在的で本質的な歴史をいかにしてもちうるのでしょうか。

　ところで、ハンナ・アーレントは、やはり「真理と政治」において、嘘の歴史の変異くと私たちの注意を引きつけます。この変異は嘘の概念の歴史のなかで、そして同時に、嘘をつくことの実践の歴史のなかで作用しています。嘘がその絶対的な限界に達し「完全で決定的な」ものとなったのは、唯一私たちの現代においてです。嘘の地位向上と勝利というわけです。芸術や文学において、かつてオスカー・ワイルドは「嘘の衰退」──有名なタイトルです──と彼が呼ぶものについての不平を口にしていました。★18 この衰退を彼はまさに政治家、弁護士、そして新聞のなかに突き止めます。彼らはますます嘘をつくことができない。彼らはもはや嘘をつくという技術＝芸術を嗜むことができない。嘘はその救いが芸術家たちに、まずもって言説の技術＝芸術──同じくこうした衰退に脅かされている文学──に託されるべく芸術である。そう、ここでワイルドは嘘の断末魔を嘆いており、アーレントは逆に、政治の場において、嘘の誇張した成長を、嘘の肥大を、その限界くの移行を懸念しています。つまり、これは

り続けるのだ。このような観念のうちには、対立の終焉のいわば絶対的な勝利において、疑いようもなく権力的なものがあるにしても、このようにして得られた確実性——絶対的なものの確実性——は、ナチの嘘が否定的な観念ではなく肯定的なものであることに直面している。この観念が反省的で自己破壊的な否定ではないというこの事実、嘘が定義上、絶対的な音性という境位において、肯定的なものに...

　　　構造を独占しているかぎりにおいて、操作が以前の時代には知られることのなかった危険であることは明白である。というのも、商業宣伝や心理的危機状況以前には限定されたこのような決定的な自由があったのか。巨大な事実的な嘘を組織する可能性、一種の外交的な国家理性に基づく政府の取り扱いにおける、現代における極端な権力を最も最悪な政府の...［……］。

...のようになるのだろうか。歴史の終焉のいわば絶対的な嘘として、この絶対的な嘘は否定的な観念として、絶対的な嘘としての歴史...

です。絶対的な嘘です。歴史の終焉のいわば絶対的な嘘として、絶対的な嘘としての歴史...

☆14 Hannah Arendt, «Vérité et politique», La Crise de la culture, op. cit., pp. 324-325.［前掲『文化の危機』、三四〇頁］

きは真実の全体を知っているとは言わぬまでも、真実を知っています。少なくとも彼が考えている真実を知っています。自分が言わんとしていることを知っています。自分が考えていることと言うことの違いを知っています。すなわち、嘘つきは自分が嘘をついているということを知っているわけです。知、知識、自己意識、嘘のあいだのこうした本質的な結びつきをソクラテスは『小ヒッピアス（あるいは嘘について）』のなかで教授しており、しかもすでに利用していました。アーレントが論じる絶対的な嘘が意識において、その概念において行使されなければならないなら、それはさらに絶対知の別の側面となるという恐れがあります。

　同じ論考の別の箇所では、ヨーロッパの政治から引かれた二つの事例によって、現代的なタイプの「嘘」が再び議論の組上に載せられます。その立役者は〔シャルル・〕ド・ゴールと〔コンラ〕ート・〕アデナウアーでしょう。ド・ゴールは「フランスは先の戦争において戦勝国の一部であり、したがって大国のひとつである」と、アデナウアーは「ナチの野蛮行為は我が国の比較的わずかな部分にしか及ばなかった」と主張し、ついにはほとんどそう信じ込ませてしまいました[15]。これらの事例は、伝統的な政治の嘘を歴史の近代的な書き換えにおも対立させる数々の定式によって縁取られています。イメージの新しい地位が仮定されているのです。

　われわれはいま、歴史の書き換え、イメージ作り、統治の政策において明白となった事

　☆15　*Ibid.*, p. 321. 〔同前、三四四頁〕

は真実を操作し、隠してしまうというわけではない。イメージ＝代用品は、隠蔽の地位から参照の――参照へと移行するのである。現実の破壊を移行するのである。オメージがそうすることがたとえば好ましいとしますが、現代の嘘だという仕方で表象に置き換えられるわけである。☆16

現代技術や代用品を実際に提供する力からのあらゆる意図や宣伝という種類の目撃者に知られていない人に関わるわけではない。イメージ＝代用品の同様に嘘はしかし――現代的最近の現象に注意を向ける政治的な仕方で、現代事実と同程度に公然とし決して外交政的な嘘――というのは既成事実と同程度の確実性をそなえている。オメージがそうすることは、決して歴史の大衆的意見を操作するという比較的著名な策として実際におこなわれているわけではないのである。これはただしてしかし、しかし見せかえて、代用品はあらゆるのである。それがために書き換え、実際におこなわれているのはあくまで政治的な目的に適った――媚びた公衆の目からみる――に。［……］

☆16 Ibid., pp. 320-321.
【編註】[同、三四三頁。]

イプの破壊なのでしょう。

　言い換えれば、伝統的な嘘と現代の嘘の違いは、隠蔽と破壊の違いによりよく当てはまる。☆17

　私たちはこれらの命題の論理へと再び戻ってこなければならないでしょう。「嘘」という語およびその概念はもはや、その概念的な歴史をまさに考慮したとき、政治的・技術―メディア的・証言的な私たちの現代におけるこれらの現象を指し示すのに今後も適切でしょうか。〈ハンナ・アーレントはかくも早期に、そして明快に、私たちの注意をこれらの現象へと向けていたので──そしてしばしば、とりわけ彼女がアイヒマン裁判のあいだ記者であったときに、彼女自身がもっとも苦しい経験をしたのでした〉。
　では別の銘を見ましょう。この銘が名指してもいる歴史性は、ある種の神聖を、あるいは聖性の歴史性でしょう。この神聖不可侵性（Heiligkeit）は、たとえばカントの目には、まだ、カントが明示してはいないアウグスティヌス的な伝統においては、嘘をついてはならないという無条件的な義務あるいは命令を構成しています。ライナー・シューマン（その思い出にここで敬意を表したい友人であり、同僚です）は神聖さと歴史性の諸価値を結びつけ『アナーキーの★19

☆17　*Ibid.*, p. 322.〔同前、三四〇頁〕

道の一つ[118]である。「逃げ去った神々の痕跡」というのは、五〇頁以下で神々が去った後に付随している概念です。つまり、「逃げ去った神々の痕跡」を辿るというのは、逆に、神々が去ってしまった以上、その痕跡を辿るための、歴史的な帰趨として生きるための、唯一の、歴史的な現前のなかにある道なのであり、それは歴史的な帰趨として生きるための、[ハイデガーは]聖なるものの開花の道を考え導くのである。

☆119

原理」として理解するかぎりにおいてです。

のである。

痕跡の上に感知しうるだけなのだ。

逃げ去った神々の痕跡を、逃亡のうちにとどまる詩人たちは〔……〕神聖なるものの痕跡をたずさえて、別世界へと死んでいった神々の痕跡を、この世に足をとどめた人々のもとへともたらすのだ。[……]それゆえに、詩人たちは乏しき時代にあって聖なるものを歌うのだ。彼らの歌の痕跡の上に感知しうるだけなのだ。

☆18 M. Heidegger, «Wozu Dichter ?», Holzwege, Francfort-sur-le-Main, Klostermann, 1950, p. 250 sq.; tr. fr. W. Brokmeier, « Pourquoi des poètes ? », Chemins qui ne mènent nulle part, François Fédier (ed.), Paris, Gallimard, 1962, p. 222 sq. 【邦訳】ハイデッガー「何のための詩人か」『杣道』ハイデッガー全集第五巻、茅野良男・ハンス・ブロッカルト訳、創文社、一九八八年、三〇〇頁以下。

I

いま、私は手始めにいくつかの歴史を——信じてください、嘘をつくことなく——物語ってみるつもりです。物語に見える方式で、古典的な歴史家や年代記作家の方式で、みなさんにいくつかの特殊な事例を提示していきます。これらの事例から、私たちは、類比によって、カントが「反省的判断[20]」と呼ぶものの運動にしたがって、反省的な仕方で進展しようと試みるでしょう。かくして私たちは、規定するためではなく、反省するために、経験を通じて与えられることができない原理を目指して反省するために、個別から一般へと向かいます。私は少なくとも類比によって、規定的判断と反省的判断を分かつカントの重大な規範的な区別をすでに参照していますが、それは三つの理由によるものです。一方で、この区別は『判断力批判』において、二律背反と弁証法をもたらします。これらはおそらく、私たちがこのあとすぐに困惑してしまう二律背反と弁証法と異質なものではありません。他方で、ハンナ・アーレントは、やはり「真理と政治」において、カントにしたがって、この事例の効力を長々と指摘しています。実際に彼女は『判断力批判』を引用しています[21]。そして、とりわけ、カントは嘘に関する濃密で難解な短い(およそ六頁)論考の著者でもあります。文中で「フランスの哲学者」と呼ばれる、ベンジャマン・コンスタンとの論戦に応えるものですが、コンスタンの方は「ドイツの哲学

して最近の死すべき者たちのために転換への道の最初の跡をつける者たちである。」〕

☆19 Reiner Schürmann, *Le Principe d'anarchie. Heidegger et la question de l'agir*, Paris, Le Seuil, 1982, pp. 183-184, n. l.

命令の無条件性にたとえることができる。

嘘や誠実さを規定する義務についての〈Wahrhaftigkeit〔真実性〕〉の定言命法──いかなる言語＝真実さ＝真実性（ヴェラシテ *véracité*）、いかなる真実さ＝真実性（ヴェリディシテ *véridicité*）──の歴史的な規定をあらかじめ排除している仕方をあらかじめ考慮し、そこに形式的に入れること、真実を反対に、嘘を反対に進めた同時に言うことによって、真実と嘘を対にたとえることによって、

私の知るかぎり、この論考〔真実と虚偽について〕を、カントの偉大な署名者たちによって論駁された試みをそれがための試みであるかのように分析しなければならない。ニーチェは、この小論考の中で、「人間的な──あまりにも人間的な──見地から見る」ための、西欧的哲学的な歴史的国民性のあらゆる真実性の規定、あらゆる嘘の規定、嘘の権利的な除外を反省し、嘘を禁止する

彼が言及している小論理学の深い論理が引用し、論理は引用されます。証明が論理は不可欠のだ。「人間的な──あまりにも人間的な」有名な名だたる以上に引用される。ニーチェ★22「一般的なのものとしてのみ」（一七九三年）『真』は『嘘』であるかのように彼女が一度も読解することはありません。

これはただひとつのテクストでしかなく、同時に別の機会にえるために引用するためのものである。つまり「自白」のテクストであるかのように。争うのにこれをえるために非難したのだ

38

す。真実を言わなければならない。いかなる場合でも、いかなる仮説においても、いかなる犠牲を払っても、歴史的状況がいかなるものであっても、誠実［vérace］でいなければならない。有用で、好意的で、親切ないかなる嘘も存在しない（スミーは mendacium officiosum という古典的な表現を翻訳するために「mensonge officieux［善意の嘘］」とも言いましたが★23、いかなる「善意の嘘」も存在しないのです）。聖アウグスティヌスが分析するあらゆる困難で厄介な事例を決疑論的に考え込むことなく、たいていの場合、聖書の事例から出発して、カントは真実性（Wahrhaftigkeit: veracitas）を形式的で絶対的な義務として規定するさい、歴史的内実を排除しているように見えます。

　［……］言明における真実性（Wahrhaftigkeit in Aussagen）は、たとえその結果として自分や他の人にどんな大きな不利が生じようとも、万人に対する人間の形式的義務（formale Pflicht）である★24。

　カントのテクストは明らかに法的なもので、倫理的なものではなく、その題名が示しているように、彼は「嘘をつく権利」（Recht...zu lügen）を論じており、彼は法的義務（Rechtspflicht）を語っていて、倫理的義務を語っているわけではありません。このことは一見、歴史的な観点にとってむしろ好都合であるいは、そうした観点にはむしろ還元できないように見えるかもしれませ

おいて、カントにおいて、その動機や結末がどのようなものであれ、嘘の規定としてはつねにこうしたことを想定しているのであり、それ自体の内在において（は同一性に）

可能である。☆20

あるからである。だが、嘘は他人に対する意図的に不真実な言明 (unwahre Deklaration) とされたのであり、誰かに害を与えるというその条項のない場合に他人を害することになったりしなかったりするのはなぜか。嘘が特定の他人に害を与えるという条項を要求しているのはなぜか [die Rechtsquelle unbrauchbar macht]。法の源泉を一般に害を与えるその

要件はこうである。他人に害を与えるような場合にのみ法を害するのであり、法の源泉を使用不 (mendacium est falsiloquium in praejudicium alterius)。だが、法律家がこの他人の条項を要求しているのはなぜか。嘘が特定の他人に害を与えるという条項を追加する必

の形式的な諸条件は超‐法的‐的なものにとどまっています。つまり、その行為のうちに、カント・ベール‐アーレントが反対するものの、嘘の本質を、嘘の社会的観点における定義によって排除しているのです。法的観点における嘘の定義による、実際には歴史的全体における具体的な観点である、社会契約の純粋に法的な形式的な、純粋に法的な源泉な、嘘の本質のこのような出来

【原註】
☆20 E. Kant, « Sur un prétendre droit de mentir par humanité », dans *Théorie et pratique, op. cit.*, pp. 68-69.
［「人間愛からなら嘘をつく権利と称されるものについて」、前掲『理論と実践』、二五五頁以下。]

偽〔プ〕ォ〔ル〕ガスを嘘として告発したことでしょう。それは、善のためとはいえ、想定された他人の善のためとはいえ、他人を意図的に騙すことなのですから。（そして、嘘の歴史を性的差異が性的な享楽の経験との本質的な絆をもつことをつうじて排除することのない数多くの講義がとき、その性愛観、その解釈の歴史に結びつけるものに充てられた、しかし、反対に、嘘の範例が性的差異が性的な享楽の経験との本質的な絆をもつことをつうじて排除することのない数多くの講義がとき、その期待された諸効果、外的で歴史的な文脈がいかなるものであれ、真実を言うことの内的必然性に関心を寄せています。嘘を無条件的に追放しなければ、人類の社会的な絆はその原理そのものにおいて荒廃してしまう。社会性が不可能になるということは、モンテーニュが彼なりの仕方で[21]言い表していました。カントは実際、「いかなる社会をも不可能」にしてしまう「ドイツの哲学者」の厳格さを非難しているバンジャマン・コンスタン[22]とはまさに正反対のことをします。カントによれば、反対に、ごくささやかな嘘——普遍化されうるならどうしてもその固有の法を破壊してしまう格率をともなう行動——を正当化すると、社会は不可能になるのです。嘘と偽りの約束についても事情は同じで、カントは両者を『人倫の形而上学の基礎づけ』において結びつけています[23]。私が他人に語りかけることができるのは、あくまでも、真実を、私の真実を、つまり、私の誠実さ＝真実性を少なくとも暗黙裏にこの他人に約束するかぎりにおいてです。そしてカントによる誇張法的で耐え難い命令に似たもの（決して嘘をつくな、決して偽りの約束

[21] 「実に、嘘は呪われただ性悪な悪徳である。私たちが人間であり、また互いに結びついているのは、ただ言葉によってである」（M. de Montaigne, *Essais*, « Des menteurs », Livre I, ch. IX, dans *Œuvres complètes, op. cit.*, p. 56. 〔『モンテーニュ（一）』第一巻第九章「嘘つきについて」、六五頁〕）。「私たちの相互の理解はただ言葉を通じてなされるのだから、言葉を破る者は社会全体を裏切ることになる。言葉は私たちの意志や思想を伝える唯一の手段であり、私たちの魂の代弁者であるがゆえに、言葉がなければ、私たちはもはや互いに結びつき合うことも、知り合うこともできない。もしも言葉が私たちを欺くなら、それは社会のあらゆる交際を断ち、社会のあらゆる絆をほどいてしまう」（*Ibid.*, Livre II, ch. XVIII, p. 650〔『モンテーニュ（四）』、二三六頁〕）。カン

性とは、別のある歴史的な意味で、それに対して憑き続する条件として、〈ここ〉におけるカップルの真実をえさせるのは困難なものであるとしても、パートナーたちの真実と強く嘘をつき神聖な歴史的なものでありますが、少なくとも別の意味で歴史的命令の意味であるという仮説が残ります。」という社会神聖

「」

を論じあっています。しかし、誰もが嘘をつく場合、嘘で喩え、いかなる描写であるからといって、この言語の本質、言語が描写する単なる最高の理由に創設的なのでしょうか。あるのでしょうか。「しかしながら、一度言語によって描くところの約束されたのでしょうか。この言語によって、他人に語るというものではありません。「カント自身が約束に対する事実確認的な理由としているのであるからといってあなたが嘘をつくというとき、つまり言語が他人に語るとして、誠実さ=真実性に対してあなたが嘘をつく言

謙虚でつつましいあなたがいかなる場合でもあなたはあなたに嘘をつく言

彼らにとってやらしい昔の土地を実在するのとは別として仕方を変え、彼らに(新たに)例えつつ世界に一種の非歴史性を導入しますが、つまりすべての切種の問題である命令として歴史た

則として立ちあらわれる罪を背負うことになるもしれないといった民衆への愛を前にすることに能う取次条件的原は

即ち彼らは言わば真実を言うことになるのだとしたら、エレミヤ書『真実を言うこともあるのだ。』(前掲書, loc. cit., 同)

令の神聖さのためにすべてを犠牲にしなければなりません。カントはこう書いています。

　　いかなる言明においても真実的（*wahrhaft*）［忠実、誠実、実直、善意、つまり、*ehrlich*］であることは、神聖な（*heiliges*）無条件的に命令する（*unbedingt gebietendes*）いかなる便益によっても制限されえない、理性命令（*Vernunftgebot*）である。☆24

　ついに、約束した事例に、二つの世界に関する私なりのヨーロッパ年代記に辿り着きました。私がこれらを選んでいるのは、ヨーロッパとみなすことができる二つの大陸——ヨーロッパとアメリカ合衆国（パリとニューヨークのあいだ）の至近において、また二つの新聞——「ニューヨーク・タイムズ」と「インターナショナル・ヘラルド・トリビューン」のパリ版至近においてです。撤回できない決定として、フランスが太平洋での核実験を再開するとすでに告知していたのですが、選挙の直後、シラク大統領は——みなさん覚えているでしょう——ヴェルディヴの一斉検挙の記念日に、あの忌まわしい記憶の記念日に責任を厳粛に認めた。★25 つまり、占領下のフランス国家の有罪を、何万人ものユダヤ人の強制収容、ユダヤ人の身分規定の創設、たんにナチ占領軍の強制のもとで実行されたわけではない数々の主導的な行動という点で認めたのです。★26 こうした有罪が、今日「人道に反する罪」と規定されているのです

の哲学者がこの原則から引き出した実に直接的な結論はそのようなものである。人殺しが自分が追いかけている私たちの友人が私たちの家に逃げ込んだのではないかと尋ねてきた場合、その人殺しに対する嘘は罪であろうとさえこの哲学者は主張しているのである」（『一七九七年のフランス』第六分冊、第１部、一二三頁）。

［E. Kant, « Sur un prétendu droit de mentir par humanité », dans *Théorie et pratique, op. cit.*, p. 67.（『人間愛から嘘をつく権利と称されるものについて』二五三頁）【編註】］

☆23　E. Kant, *Fondements de la métaphysique des mœurs*, tr. fr. V. Delbos, introd. et notes A. Philonenko, Paris, Vrin, 1980, p.69.（『道徳形而上学原論』篠田英雄訳、岩波文庫、一九七六年、四一頁~四二頁）「［…］たしかに私は嘘を欲することはでき

しかしながら、スイス国家が、その有する権威から、公的な判断によってある種の真実を公式なものとして確立したことにより、五〇年以上を経ているというのに彼に対する誓約を守らせるためには、その名のもとに罪のないスイス共和国民の真実は

任というものとして変容される。スイス共和国の六人の大統領（ウィルソン、ニクソン......）の真実は、私的なものから公的なものへ、国家的なものから国際的なものへと、その地位を高める。この真実はもはや一国家的な主題のみに関わるのではなく、劇的な行為として選出された国家元首によって国際法に公的に宣言され、公的な真実として世界を前にして普通に流行したやり方で逆説的に告知され、その告知自体が認められたものとして、スイス国家そのものに

★27
公的なもの [res publica]

★28
に信じられるように映像を大

★24 E. Kant, «Sur un prétendu droit de mentir par humanité», dans Théorie et pratique, op. cit., pp. 69-70.
【翻訳】『カント全集 第一三巻』（一八六、八七）八五八ページ。

だ。今日、ヨーロッパの内外で、日本から米国まで、またイスラエルでも、過去の暴力や支配、周知の戦争犯罪について、最近発見されたことであれ、長らく世界の懸念となっていたことであれ、少なくとも類似した多数の状況を引用することができるでしょう。たとえば、知られているように、数多くの歴史家の証言にもかかわらず、クリントン大統領は広島と長崎への原爆投下を正当化しうる決断として公式にみなし続けており、こうした国家的教説を撤回することを拒否しています。戦時中のアジアでの日本の政治、アルジェリア戦争、湾岸戦争、旧ユーゴスラヴィア、ルワンダ、チェチェンなどにおいてなお待ち構えていることも語ることができるでしょう。括弧に入れて日本を名指ししたところですが、村山首相は二年前にある談話をおこなうことでひとつの運動を開始しました。★29 この談話については、その一語一語を、その語用論的な構造全体を検討しなくてはならないでしょう。日本国家をその頂点において、その帝国的同一性の恒常性において、天皇の位格において関与させることなく、一人の首相が吐露するのです、告白のかたちで真実を述べるのです。「疑うべくもない」この歴史の事実」(私がこの☆25 談話をはじめて読んだ英訳を引用すると、« these irrefutable facts of history »)と意味深い仕方でみずからが呼ぶも、「歴史のあやまり」(« error in our history »)を前にして、村山は自分の名において(この名は彼の名以上のものを語りますが、しかし、天皇の名、したがって国家の名において何ごとも誓約してはいません)みずからの「心からのお詫びの気持ち」(« heartfelt apology »)を

☆25 一九九五年八月一五日、第二次世界大戦の終戦五〇周年記念日におこなわれた談話において、社会党の首相・村山富市は、戦争中に日本が犯した残虐行為について、お詫びを表明した【編註】

新たないかなる概念をも含意するものである。死に関して表明しています。国民やその国家元首は、彼は自責の念のあまりこのような苦悩に満ちた告白をし、哀悼を捧げるのである。国際人道法における同国人の死のみに依拠しているのではありません。国際人道法が求める賠償のような、死者を悼む新たな人道的立場や、新たな法権利や政治的反省といった、五〇年前にはなかったであろう今後の国家の……村山首相の英語による声明の一節を次に引いておきましょう。

« I regard, in a spirit of humility, these irrefutable facts of history, and express here once again my feelings of deep remorse and state my heartfelt apology [...]»

……「植民地」抑圧……「植民地的」抑圧……

日本の首相は加えて——「あの歴史を——Allow me also to express my feelings of profound mourning for all victims, both at home and abroad of that history. »

この告白は誠実〔vérace〕であ……への約束として前進していきます」である

貴務の責任をも宣言し、未来へ向けた誓約をおこなうのです——« Our task is to convey to the younger generations the horrors of war, so that we never repeat the errors in our history »〔私たちは過去のあやまちを二度と繰り返すことのないよう、戦争の悲惨さを若い世代に語り伝えていかなければなりません〕。過誤〔faute〕と告白〔confession〕の言葉遣いが、その効果を和らげるために、それとは異質な誤謬〔erreur〕の言葉遣いと結びついています。★30 ここでは、おそらく歴史上初めて、国家あるいは国民の概念が、それらをつねに構成的かつ構造的に特徴づけてきたもの、すなわち潔白意識からあえて分離されているのです。その出来事がいかに不明瞭であるにせよ、そしてその動機がいかに不純なままであるにせよ、その戦略がいかに計算され、情勢に依存したものであるにせよ、ここには人類とその国際法の、その学術と良心の歴史における進歩があります。カントなら、完成可能性へ、人類の進歩の可能性への「合図〔signe〕」を送る出来事のひとつをここにみたかもしれません。その合図は、たとえばフランス革命のように、挫折や限界を通して、ひとつの「傾向」を、そして人類の「進歩」の可能性を、このように認証することで再び記憶し、証明し、告知するのです★31（signum rememorativum, demonstrativivum, prognosticum〔追憶的記号、明示的記号、予知的記号〕）。これらすべては日本、フランス、ドイツにとって不完全なものにとどまりますが、なにもないよりはましなことです。もはや実在しないソ連やユーゴスラヴィアは、過去の犯罪のいかなる良心の咎めやいかなる公的な認知をも免れています。アメリカ合衆国——そしてフランス——にはまったき前途があり

統的な国家」の公式名称になった国家の有罪性に（もちろんそれは共和制を宣言した今や有罪性が廃止されたことであり、彼の目的からすればそれは「フランス国」と名づけるべきだったのだ）——たとえそれは、この占領下のフランスにおける国家のヴィシー・フランス自身が付随

加えて、古典的解釈に関する真実の点についてはここで再論しましょう。真実を誠実さに依存することはできないにしても、真実を真実として認めることは可能なのかどうかが問題ですからフランスのもつ歴史的原則に従いつつ、時宜を得たならば、フランスという国家元首の、ある諸価値に見合うものであるとしても、そのこと、つまり政治的ないし技術的能力とフランスという国家（可能であるならばその必然性）はまったく別のことであり、ひとつの事実（現実）の価値に対して真実を超えた値に関するペタン自身やその正しさを考えることはできた。正権を考えるとしても真実は現実的であり、公正だと判断し、大有罪を設定

れを半世紀のあいだに再論しつつ、このことはフランスのもつに論じましょう。

48

ン・オリオールの事例のことも考えてみましょう。シラクが最近認めたことを認めることが可能で、時宜を得ており、必然的で、公正だと判断しなかった別の共和国大統領です——シラクが認めたのは、カントが述べている神聖な命令への無条件的なたんなる従属と比べるとおそらくもっと複雑な、経済情勢の理由や仮言的命法によるものです。ヴァンサン・オリオールは、一九四〇年七月一〇日、ペタン元帥への全権委任の投票を拒否した八〇名のフランス人国会議員のうちのひとりでした。あ——つまり、彼は共和国が中断されて、ユダヤ人の地位と彼らの強制収容への罪を負っているフランス国へ移行したことは、フランス政府が関与する合法的行為であったと知っていたのです。こうした中断の非連続性それ自体が共和国とフランス国の合法的な連続性のうちに刻まれました。まさにフランス共和国は、合法的に選出された代表者らの投票によって、それ自身の地位を放棄したのです。少なくともこれが形式的で合法的な正統性の真実です。

　しかし、そのようなものがあるとして、こうした事象そのものの真実はこの場合、どこにあるのでしょうか。嘘を語ることは、つまり、真実が安定しえない場合に非–真実性＝誠実さを語ることはできるのでしょうか。何度も、その任期の最後まで、フランソワ・ミッテランもまた、フランス国家の公的な有罪性を認めることを拒絶しました。彼の明白な主張によれば、いわゆるフランス国はフランス共和国の歴史を中断しつつ、横領行為によって開設されたのであ

ら、それは彼であれ、彼はたださえ別のものをさけるためだけであれ、彼は非難性によって、彼らのこの臨
すことは、誠実さないしはそのただし、それはただ彼にとってその時代のこの有罪性を引き受けることの
にしますが、輪場をさけるために彼は別の典型的な数多くの彼自身の罪難性により連続していたればこそ、彼らの
実は、戦争を引用する典型的な要素を受けることの有罪性を引き受ける必要があるのだとしても、当然沈黙しているながらこの共和国

☆26 Jean-Pierre
Chevènement, "Vichy, laver
ou noyer la honte ?",
Libération, 7 août 1995.

う理念を促進する必要があるあらゆる勢力を助長してしまう危険です。これはおそらくド・ゴール将軍自身の見方でもありましたし、またおそらく、さほど明確な仕方ではありませんが、彼のあとを継いだ大統領たちの見方でもありました。一言で言えば、たしかに、真実や誠実さは必要でしょう。しかし、どんなやり方でも、いかなる代価を払っても、無条件的にそれらを実行してはならないのでしょう。あらゆる真実を言っていいわけではありませんし、カントが望んだように、こうした命法は神聖で無条件的なものでもないのでしょう。仮説的な命法、実用主義的な時宜性、起こりうる結果、言述の時機と形式、レトリック、権利を侵害される受取人や補償される受取人などを考慮しなければならないのでしょう。ヴィシー政権の正統性と彼を辞任に追い込んだ人民の意志を区別するために、ショヴェマンは実際、実質的な責任を規定するために、すっと以前に、少なくとも五年ほど時間をさかのぼるという提案をしなければなりませんでした。権利上、まさしく歴史的な分析は無際限なものであり、嘘と誠実さ＝真実性の区別はその縁の厳密さを失う恐れがあるでしょう。

　ここから最初の一連の問いが生じてきます。いまや国家の歴史的真実となったことを公式に言明したかったので、ド・ゴールからミッテランに至るまで、先の大統領たちは嘘をついていたり、何かを隠蔽していたりしたのでしょうか。このように言う権利は私たちにあるのでしょうか。彼らからしてみれば、逆に、「嘘をついた」としてシラクを非難することができるので

法制度や慣習をつうじて、これらの新しい概念が今日の新しい人類の歴史的な担い手となるよう規定され決定され、「人道に反する罪」のような、戦争以前にはなかった法的概念が誕生しました。「誠実さ」のような、第二次大戦の特殊性を証言する特殊な担い手がいた。国家間の契約を結ぶことは、普遍的な原理「行為遂行」を参照している国際法において記録する必要な原理によって成立している。

すなわち、実際において、嘘らしきものがあるからこそ、誰かが真実を語るのではないでしょうか。誰かが嘘をつくからこそ、彼のつく嘘は受け入れられないことなのでしょうか。それは同じ歴史的概念ではないでしょうか。誰かが嘘を語るのはいつでしょうか。誰かが嘘をついているからこそ、嘘の歴史的概念をつうじて嘘をつく主体は何でしょうか。嘘の歴史的概念を規定するのは何でしょうか。その場合、私たちが嘘について語っているのは何でしょうか。それは嘘をつくことの独特の特殊性を強調している。この同じ編成や定式は誰にでも同じでしょうか。嘘をへの対立においては実在の語用論的な特殊な特徴を強調している対立においては何でしょうか。嘘をつくことはどのような基準によって適切なのでしょうか。

☆27　Sinapi, «Le mensonge
それからメーヌ・ド・ビランの『日記』における「嘘」についての考察は……

☆27「誰が嘘をつくのか」同

必要さえありませんでした——そもそも、そのようなものとして固定されえなかったのです。

このすべてが徹頭徹尾歴史的であるのは、嘘や告白の問題系、「人道に反する罪」のようなものに関する誠実さの命法が、諸個人にとっても国家にとっても、なんの意味もなかったからです。ニュルンベルク国際軍事法廷規約の第六条[33]によるこの法的概念の定義以前には、また、とくに、少なくともフランスに関係して言えば、私の間違いでなければ、一九六四年一二月二六日の法律でこれらの犯罪が「時効なし」と宣言される以前には意味がなかったのです。ニュルンベルク法廷の能力が疑問視されるようなあらゆるところで、いま私たちが分析している体系全体に害が及び、さらには損なわれているでしょう。これらの争点の困難さと巨大さを強調しても役には立ちません。

というのも他方で、問われている諸対象——判決を下すべきであろう諸対象——は、「即自的な」自然的現実ではありません。それらは解釈に依存し、また行為遂行的な解釈にも依存します。ここで私が語っているのは、国家の首長が有罪を認めることで、出来事を生み出して、その先人たちのあらゆる言語表現の再解釈を引き起こす行為遂行的な言語行為ではありません。そうではなく、こうした宣言の諸対象そのものにおいて作用している行為遂行性をなによりも強調したいのです。すなわち、いわゆる主権国家の正統性、国境の位置、責任の同定や証明は行為遂行的な行為なのです。行為遂行が成功するとき、それらは真理を生み出し、その力はと

officieux dans la correspondance Jérôme-Augustin », *Rue Descartes*, n° 8/9, Collège international de Philosophie, Paris, Alban Michel, novembre 1993.

的なものにしかないかもしれません。この無意識的な次元を無視しつつ、彼らによって彼らにより権威的な次元を無視してしまいます。両者を共に理解したこと以上、それは不十分ではありますが、その十分な説明しになければなりませんたため、十分を共有したであると主題することの現象からし、このように有しているあるとして、した規象からしたこと

けっか。そして、これらのキアスムであれば、その地域で誰かに入り込んへそれが真理に入ったことによ――法の後、やや十分なへなった以上、それは行為遂行的な真理を言って、誰かによって囲んである創造するように――法権利の創造がなされ、法権利を創造するようになったから、国境の位置によって歴史的次元を歪曲してしまったのです。旧――ニューカレドニアの――行為遂行的な嘘を良きことへとしてその「真理」は今日、いわゆる「真理」へとなるのである。飛び領土について、他的 *[faire la vérité]*

に、すめにせん、ないといおすることがあるというように、法権利を効力ある諸条件から非合法によって、法権利をあるというように、誰もあってはため、あらためて国境の置、あらためて国境の位置、法権利の創造なされ、法権利を創造するようになっては、持続可能な幅だった国家の創設けっねばれ公的な暴力のための、支配力を効力ないた法行為遂行的な暴 *[le droit]*

きをつくりますたです。国際社会の諸々あることにあらためよった法による、あるというように、非合法によりたこと。あらためて、あらためて領土の余地のなた飛び領土のいいあ、あらためて国境の位置、飛び領土について、他的な法による国家の創設さねたおっておった。他的な法による暴

を示してみるつもりです。少なくとも「無意識の論理」と「行為遂行」の理論を接合させることなしにこうした次元に取り組むことはできないでしょう。このことは、精神分析や言語行為論の現在の言説がその洗練や支配的な形象の現状において十分だという意味ではありません。まして両者の連節の準備ができているという意味ではありません──あるいは、遠隔‐技術的な知と権力の政治や経済をめぐる言説と両者の連節の手はずが整っているわけではありません。私たちはここで、「私たちの時代」のこれらの現象に対処しうる分析の責務と諸案件を定義しているのです。

　歴史の書き直し、嘘、偽造、否定、否認──これらすべての問いはいともたやすく認知される争点に合図を送っているので、私はこれを強調するのが有用だとさえ判断しませんでした。国家の真理という新たな問題系としか隣接して、歴史修正主義と歴史否定主義という厄介な形象だけを指摘しておきましょう。これらの形象は限りなく増殖します。みずからが厄払いしたいと同時に罵倒したいと思っている灰そのものから再生するのです。いかにしてこれらの形象と闘えばよいのでしょうか。つまり、まず反駁し、忌避し、その否定主義や否認につきまとわれている真理そのものをいかに思い出させてやればよいのでしょうか。証言が還元不可能な仕方で証明と異質なままにとどまる場合、証言することでいかにして証明すればよいのでしょうか。同時にこの上なく正当で、この上なく批判的で、この上なく信頼できる最良の返答とし

55

嘘の歴史　序説　I

にねらだいですか。

のにです。これは、ああいう国家が想起される言説に対し
にねらだいですか。国家が真理のみを掲げ、記憶の労働に抵抗する
国家が真理は放つ一つ、国家が言うたたかいとして、倒錯に抵抗する
言通しているだけがある国家に何であれ、それは次の労働と規律に、アナキストの立場の
してはいけない、真理というそれは、それは次のクーカーに必要な場合に
かということにもかという論と権利を、真理が業務認められるべき疑問する──法に再用すること
らに監視して正統に業務しなければなるのらのか──。それはその証拠をそという場合によ
に断念する匠に私はとうえたと、そここそこが国家の真理を
ないへて倒錯した業務であって、はいのらかにしてしまいまして思います国家の真理を確立す
しなければ次になしていている際の業務限である。──開議

し直すのようなものでありましょうか証明と証言の

か。しかし、このようにとりくもりましょうか。

らいにもからせる危険さらなく。

II

遠隔‐技術‐メディアを介した私たちの近代性はあらゆるものを、集約的な仕方であれ、分散的な仕方であれ、大規模な誇張のもとに置き、急速かつ不規則な律動を強いているのですが、こうした行為遂行的な威力の諸効果を推し量ることは困難です。同時にあるいは継起的に、さまざまな結果は恐るべきもの、重大なもの、際限のないもの、表層的なもの、軽微なもの、取るに足らないもの、一過性のものでありえます。ここには、たとえば、同じ歴史——国家の告白の歴史——の別の連続、見たところさほど重要ではない連続があります。公共の言葉を集約し生産し記録する場たるメディアは、公共物〔res publica〕の空間における政治的な嘘や歪曲に対するあらゆる分析において、決定的な地位を占めています。ですから、ニューヨーク・タイムズ紙がニクソンの言明を説明しようとした指摘することはつまらないことではありません。推測してみてください、真実と能力のことを気にかけて、タイムズ紙は記事の責任をある教授に託したのです。能力の理念は私たちの文化においては大学や大学教授に結びついています。誰もが推測するのです、教授は真実を知っており、真実を語るのだ、と。そして教授は嘘をつかないのだ、と。事情を知っていると仮定されたこの教授はニューヨークの名門大学で教えています。近代のフランス事情の専門家になるために、彼は哲学、イデオロギー論、政治学、文学

「政治的」をキャットに関与する前に、ジャケット——学数語「——の文路をめぐって一九四四年から五〇年代まで、彼は「半過去」という題名を通っている。

ちもちろん複数の導入したとしても、可能性のあるとしてね、特徴するのだとってのことしていました——その大部分へと、ているとキャットという氏が一九五九年七月一九日付けの『リスナー』と知識人——知識人たちは素晴らしい真実を掲載する記事を、一九五九年七月一九日付けの『リスナー』という本の著者の指摘している。彼は「半過去

数の導入したとしても、主義が——て、引用し、その公的な告発をき振舞うこと、彼ら氏がというように、彼はラッセルを保持している。

教授が性遠しのよう——そのことをしたがって、彼ら氏がというように、ラッセルという主義「興味」——共感を保ったとしても、チョムスキーという氏が一九五九

彼はその大部分へと、ているとキャットという氏が一九五九年七月一九日付けの『リスナー』と知識人——知識人たちは素晴らしい真実を掲載する記事を、ニューヨーク・タイムズという半世紀の見から結論づけている。

ート主義——「シ」から、ということとしてラッセル——主義「興味」——共感を保ったとして、チョムスキーという氏が記事を掲載した『リスナー』という本の著者の指摘している。

★35

私。

るのでしょうか。無能力さでしょうか。分析の明晰さや鋭敏さの欠如でしょうか。誠意〔bonne foi〕を知らないことでしょうか。偶然の間違いでしょうか。嘘と無意識のあいだの薄暮時の自己欺瞞〔mauvaise foi〕でしょうか。あるいは、スンーの三つのカテゴリーを用いるなら「欺瞞」「詐欺」「誹謗」でしょうか。スンーの同じ『散歩』は「償金」のことも語っています。無意識の強迫や論理について語ることになるのでしょうか。典型的な偽証、偽誓、嘘について語ることになるのでしょうか。これらのカテゴリーはおそらく互いに還元されえないのですが、しかし事実上、真理において、それらが互いに汚染し合う、厳密な境界画定にもはや適していないという実に頻繁に起こる状況をいかに考えればいいでしょうか。そして、こうした汚染が数多くの公共的言説の空間そのものを、とくにメディアを介してしばしば標記しているとした
ら。かくして、サルトルとフーコーの——彼の目から見て——罪深い沈黙を説明するためにシャット教授が語っていることは次の通りです。

　戦後フランスのきわめて卓越した知識人たちはこうした問題と対決することを期待されていたのかもしれない。しかし、ジャン＝ポール・サルトルやミシェル・フーコーのような人々は奇妙なことに沈黙したままだった。ひとつの理由として、彼らが共産主義に対して強迫観念に近いものを抱いていたからである。「社会参加」し、みずからの態度を明確に

59　　嘘の歴史　序説　II

発する「ニ」と叫んだが上では事件のあのジャン・ヴァルジャンは正しき者は、誰にもないように、その場にもいないように公共の場に登場するがいいだが「上級役人に対して私は告発する」

　深いやみにつつまれている。(すなわち、彼はやって来た、彼は問題の同じ回避をめぐる馬鹿げた言明だった。倫理的な主張をする必要があった。

　沈黙によって、政権下の教授の責任を新聞社と共に停止させたのは、教授の私だったにせよ、教授のもたらした「ヒューマニズムの大義」は同じく混乱し、曖昧なものにすぎなかった。

　彼は少なくともこの問題のうちに、トマス主義者例においた。トマス主義の大義を促進させようとした知識人は、この世代の知識人は、

　ジャン・ヴァルジャンは政権下の有罪性や知識人たちの恥を発告する罪に反する「人道」罪──を知識人たちの統治を守り続けた。

09

トやヴェトナム、カンボジアといった遠く離れた危機に関係するときだった。今日でさえ、政治参加する作家たちはボスニアでの行動を呼びかけてはいるが、フランスの過去に関する討論にはたまにしか参加しないのだ。

こうした非難に対して一部の真実を認める気持ちはあるのですが、重要な点について、私は憤慨していると言明しなければなりません。どうか信じてほしいのですが、こうした非難が私個人にも関係しているから、他の人物とともに、紛れもない中傷の対象にされているからという理由ではまったくありません。(その紙名にニューヨークの名を冠するいくつかの新聞紙がなんでも好きなことを言って、ときには数ヶ月間、数号を割いて、私に関してはつねと嘘をつくのは、これがはじめてのことではありません。)フランス語で contre-vérité〔反−真理/真実に反する主張〕と呼ばれているものに私が格別の衝撃を受けたのはこうした理由からではなく、また他の人々と同じく、シラク氏が「フランスの過去」と呼ぶものを気にかける人々に私が属しているからではありません。とりわけ、他の人々とともに、また別の主題(たとえばアルジェリア)をめぐって、私は「フランスの過去」を一度ならず公的な仕方で指摘したからです。また、シラクが先ごろ認知したことを認知するようにミッテラン大統領に求める公開書簡に他の人々とともに署名したことを覚えているからです。「ニューヨーク・タイムズ」紙を読むと、

「アンダーソン・ドゥーリトル」という名目で掲載されたその時々の書簡を数百万人の読者が消費したわけではないにしても、数十名の社会学の准教授たちは知識を低めているという謝辞を告発し表わしている——そのもくろみはたしかにこの真理-反は真理と同じように国際規模で大真に主張するというしても——残念なことに再掲載されているこのナショナルな新聞紙に応答するかなり頻繁に起こりうることなのです。(ナショナルな新聞紙のメジャーなジャーナリストたちが、そのナショナルな新聞紙のページ——四頁目の反-ロー

ナショナルな新聞紙のメジャーなジャーナリストたちが反理真の効果をめぐる場所で公刊された「アンダーソン・ドゥーリトル」という書簡を数百万人の読者が消費したわけではないにしても、そのうちの二人の読者が真実を言わない対しているのではないにしても「本来の意味での」巻頭記事に控えることを編集するこの書簡は真実が語られたそのうちの「ニュー」という知識でした。彼は有名な同じように目立つこのうちの二つの長」彼は北な目立つ名のもとに大学に数名の社会学の学識を低めているというのは真実かどうかはともかく、その別の真理-反は真理と同じように国際規模で大真に流通するたっしてそのナショナルな新聞紙の権威と結びつしています。私は真い

ンはジャット教授による政治的分析の全体を数多くの点で批判しており、とくに次のように明らかにしています。

　一九九二年六月十五日、デリダ、レジス・ドブレ、コルネリュウス・カストリアディス、〔ジャン・〕ラクー=ラバルトやナタリー・サロートを含む一〇〇名以上の主に左派知識人らが署名した請願書では、フランス占領政府は一九四二年、「みずからの権威のもとで」、そして「ドイツ占領軍に要求されることなく」行動した、と記されていた。請願書は、「ヴィシーのフランス国がフランスのユダヤ人に対する迫害と犯罪に責任があったことを認知し、公に表する」ようにミッテラン氏に求めていた。☆28

　私の知る限り——しかし、私はすべてを知っているわけではありません——遅まきることはないのですが、ジャット教授は自分が真実を言わなかったことをまだ公式に認めていません。みなさんはすでに気づいたでしょうが、彼の記事の「contre-vérité〔反=真理〕」とフランス語で呼ばれるものについて語りながら、私はジャット教授が嘘をついたとは一度も言いませんでした。誤っていることのすべてが嘘に起因するわけではありません。嘘は間違いではありません。プラトンとアウグスティヌスはすでに声を合わせてそう力説していました。嘘の概念が

☆28　新聞に対してそれ自身の記事に対しては一貫しているからと同じ首尾とはいえるでしょうか。」ここでジャットが言い立てた反=真理は、その三年前の記事、つまり、一九九二年六月三日の「ニューヨーク・タイムズ」紙のベリリアック特派員「フランス・リーデ」の「パリはヴィシイ人の一政権の犯罪を対象にして」と呼ぶものによって否定されていました。「フランス・ヴ・ミッテランの請願書の署名者たちはしかし、大統領官に対して、ヴィシイ政権の本性に対して宣言するようおおいに関する宣言をおおいに求めており——ヴィシイ政権を「ユダヤ人だから」という唯一の理由で」ユダヤ人に対する犯罪を犯したのだと主張していると。[……]署名者たち——というわけで作曲家ピエール・ブーレーズ、哲学者ジャック・ビリダ、俳優ジャン・

を言うのとおなじくらい類算する必要があります。たとえば人物の歴史上の越えるものとしての、その顔つきから重大な仕事をする嘘──いても私が先述した抹消可能効果──厳密な歴史に対する──から、自分自身に語るたとえば古典的な歴史に対する嘘を示したなら、最近の諸事例に反してデタラメさを維持してあるがゆえにあなたは真実を知っているのであり、真実を示したのではないから嘘をつくという意味での嘘ではなく、嘘を言うための意図的に維持してくれた、そのデタラメさを合意に保持している、せんに意図的に改変しようとするような嘘

たとえばある世界史的な技術としての〔savoir-faire〕は国際資本主義の新聞の必要があるのか──そのような歴史を維持するためには嘘の感覚を呼び、「嘘の歴史」（Geschichte eines Irrtums）。

私が消去したいと思うのは、この嘘のうちに複雑性と厳密な区別をし、嘘のうちに複雑性と厳密な特有性とうちに区別し、嘘と道徳的な区別し、それはすべてのうちに嘘の倫理の次へ──嘘とはべつのものではありません。嘘とはべつのものではありませんし、嘘とはべつのものではなく、嘘の実践やナイーヴな活動行為としての嘘の実践として信じている差しのない純粋実践的技術の欠陥の次へ──『偶像の黄昏』『誤謬の歴史』〔savoir〕として認められるような無知や偏見、推論の誤りといった次元の事情を

抵抗力のあるものとしての次元のうちにあるからです。あるからです。それは知のあるいは実践としての事情を

欠陥はつねに知にある
のではなくて、私の
欠陥とは嘘である
のでもない。嘘の
特有性という
のでもない
嘘と間違いを
区別しようと
すること
──同じもの
ではないとし
ても──純粋実践
的な欠陥の次元
である技術の
欠陥の次元の
事情を

　このエートスにとってはメタファーというのは──これはちょうど推論の集合や、ニーチェの言うところの「エートス」にちがいない──「国」の追行を支配しているもしもメタファーというのは犯罪行為の言とはべつにありながら、なお未来へと追行される政治のうちにあるだろうか？ニーチェの言うところの推論の集合に、というのも集合的な過去未来を指し示しているのもあらゆる現象書物的に記されたものはあるのだ。

その是非はともかくとして、私はいまも確信しているのですが、シュット教授が明晰かつ判明な知識をもちあわせていたとすれば、彼が非難する知識人たちがあのミッテランへの書簡に署名したことを実際に意識していたとすれば、彼は自分があのように書いたように書かなかったでしょう。彼は嘘をつかなかったのだと彼を信用するのが穏当だと思っています。本当に彼は嘘をつかなかったのです。明白かつ故意に読者を騙して、その信頼や信用を濫用しようとしたわけではなかったのです。それでは、このことはただたんに、まったく純粋無垢な状態で、彼の側の間違い、あるいは、たんなる情報不足なのでしょうか。そうとは思えません。シュット教授がこの件についてより深く、あるいは十分に知ろうとしなかった、あるいは良心的な歴史家やジャーナリストが語る前に知っているべきことすべてを知ろうとしなかったのは、彼が結論に達することを急いでいたからでもあります。したがって、フランスの知識人と政治についての彼の全般的なテーゼをなんとしても確証する「真理の効果」を生み出そうと急いでいたからでもあります——それは、ある時期以来、彼の他の著述で認められるようなテーゼですが、それがいささか一面的であると考えているのは私だけではありません。これが本講演の主題であれば、そして私たちに時間が与えられていれば、このことを証明することができるでしょう。ここで強調したいことは、この反-真理は嘘にも無知や間違いにも属さないということです。おそらくはハンナ・アーレントが語る自己への嘘にさえ属していません。それは

65　　　　　　　　　　　　　　　　　　　　　　　　　　　　　　　　　嘘の歴史　序説　II

が同時に、別の日常的な概念としての嘘とは、厳格なものだ、といえます。

嘘に関する別の概念として私たちが考えねばならないのは、本章的概念だ。そのため必要があるため、無意識のアナ——ント・ナン——として展開し、分析の症候論に決定的な役割を果たしていること。「嘘」の自己図は［signe］（合図）の

そのため、無意識のアナ——ント・ナン——として、決定的な役割を果たしていることはす。私たちが共通言語をめぐって、あらゆる文化や歴史において付与してきたのがアナ——ント・ナン——であり、その概念は絶対的な仮説があります。これらの概念は「自己」を支配的な位置を占めている古典的な近代的概念としての嘘の相続人であり、あらゆる近代的嘘の概念としてのあらゆる古典的嘘としての厳格な嘘を標記する「自己」の嘘の特有性であり、その古典的な嘘を標記する「自己」の欺瞞としての

ーント・ナン——に至るのです。別の次元にある嘘——それはアウグスティヌス以来、キリスト教の伝統的な思想家たちによって論じられてきた嘘——に至るのです。私たちはアウグスティヌスのいうカリタス、すなわち隣人愛にもとづくあらゆる嘘とは違っているからです。アウグスティヌスの思想が私たちの思想家たちとどう相違しているか、お互いに隣接しているからです。アナ——ント・ナンは還元されている。

「治」において、いくつものしるし〔signes〕があります。おそらくアーレントは他の世紀の逸話や言説のうちにこの自己への嘘を例証する手立てを見つけているのです。彼女は注記しているのですが、自分自身に嘘をつくことなく他人に嘘をつくのが困難であることは古くから知られています。また「嘘つきが成功すればするほど、彼は自分自身の作り話の被害者になりうる」[☆29]。

しかし、とりわけ近代性に彼女はこの可能性を割り当てています。彼女はそこから民主主義そのものに関するきわめて逆説的な結論を引き出すのですが、この理想的な体制は欺瞞がまさしく「自己欺瞞〔tromperie de soi〕」と化すべく定められた体制でもあるかのようです。そこでアーレントは「大衆民主主義の保守主義的批判」の議論に「否定できない力」を認めています。

政治的にみて重要なことは、自己欺瞞（self-deception）の近代的技法が外的な問題を内的な問いに変容させうることで、その結果、諸国民ないし諸集団のあいだの紛争が内的な政治の場面に帰着することである。冷戦時代に両陣営でおこなわれた自己欺瞞はあまりに多すぎて列挙できないが、それらが特殊な事例であることは明白である。大衆民主主義の保守主義的批判がしばしば強調したのは、こうした形式の政府が国際問題に導入する危険であった――それでも君主制や寡頭制に特有の危険には言及しなかった。彼らの論証の力は、十分に民主的な条件では、自己欺瞞なき欺瞞（deception without self-deception）はほとんど不可能であっ

☆29　H. Arendt, « Vérité et politique », *La Crise de la culture, op. cit.*, p. 323. 〔『真理と政治』三四六頁〕

「十分に民主的な条件が整っているという事実は、ある

難解な問うことが──ここでは──重大な

意味をもっているという問──という問題です──ここでは扱うことはありま

せん。[30]

☆30　*Ibid.*, p. 326. 〔前掲
三四八─三四九頁〕

89

III

アーレントが読んでいたかどうか、知っていたかどうかはわかりませんが、真実の責務から私は、アーレントによるこれらのテーゼはアレクサンドル・コイレの論考の直系をなしていると言うことができます。このコイレの論考はニューヨークでも出版されたのですが、しかしかなり以前、一九四三年に、高等研究自由学院の定期刊行物「ルネッサンス」誌に「嘘についての省察」というタイトルで発表されていました。一九五一年六月に、「現代の嘘の政治的機能」というタイトルで『コンテンポラリー・ジューイッシュ・レコード』に再録されたこの傑出した試論は、国際哲学コレージュの定期刊行物「デカルト通り」のおかげで、一九九三年にフランスに再び戻ってきました。[31] この試論は次のように始まります。「現代ほど、人々が嘘をつく時代はなかった、かくも恥知らずで、体系的で、恒常的な方法で嘘をつくことはなかった。」アーレントのすべての主題といく自己（人間がつねに嘘をついてきたこと、しかも、みずからに対して、また、他人に対して嘘をついてきたことは異論の余地があります）と現代の嘘という主題がすでにここには見られます。

われわれは、現代の嘘、より厳密に言えば、とりわけ現代の政治的な嘘についていくつかの省察

☆31 Alexandre Koyré, « La fonction politique du mensonge moderne », *Rue Descartes*, n° 8/9, *op. cit.*, pp. 179-192; rééd., *Réflexions sur le mensonge*, Paris, Allia, 1996. 〔「嘘についての省察」西山雄二・大江倫子訳「多様体」第一号 月曜社、近刊〕

合で仕す理的な応答について「嘘」が――そ

きみ表わそうとも試みることになる、そのためのその宗教的な損害がたとえ政治的な戦略の必然性から結びつく力がたとえ何かを生み出させただけにはいますが、何かを生み出させたのでしょうか――その聖なる権利「saint(1)」を、おそらくというとき、あなたがそれがみなに神聖な特徴をあるいはそれは倫理と義務という仕方であの歴史に無傷に信じて、哲学的な問いかというとき、コイ表わそうとするそう実際に数行したのである。――それは神聖な「Heiligkeit」――それがみなに神聖な特徴を問いのそのあいだに嘘と義務の議論をだとその歴史と倫理とを真なる思いのあいだにその戦略の概念としてその系譜学の立場の……

彼の応答について――それの他多くの問いだ――これはこのわけにはいくまい。現代、よりによって正確には、われわれはある全体主義体制がおのおのに刷新をおこなうように私たちが吸い込み、その嘘たちを、ひとの嘘に浮かぶというのは全体主義的統治に従う。嘘に従う。[……] この分野に彼の応答の向を倫じられる「sau」健全な生〔神聖〕生従って、健全な嘘に従う全体主義的統治に（quo nihil antiquius）この分野に

な人間だ――そう、その生活のあらゆる瞬間に――現代、よりによって正確には、われわれはある全体主義体制がおのおのという重要な（quo nihil antiquius）この分野に

を識別したくなります。

　Ａ　まずは限界です。コイレは実際、「嘘」という言葉に訴えかける権利についてのいくつかな問いを疑っているように見えます。少なくとも彼は、このような問いが、すでに問うとして、全体主義的な砲鎖の口火になりうるとはのめかしています。彼は間違ってはいません。ただ単純に間違っているわけではありません。というのもリスクは存在しており、依然として恐ろしいものにとどまっているからです。ただ、相対主義を用いることなく、特異で新しい歴史的状況をそのつど考慮に入れながら、このリスクを別の仕方で論じてはならないのかどうかが問われるでしょう。とりわけ、私たちが述べたように、この概念の必然的で大規模な「垂直さ」に由来する数々の本質的な理由のため、コイレやアーレントによって、いやすでに彼ら以前に、カント、アウグスティヌス、プラトンによって構造的に排除されているようにみえる諸概念をそうした状況の分析へと導入しながら、このリスクを別の仕方で論じてはならないのかどうかが問われるでしょう。

　コイレはまず、正当に指摘しているのですが──これは良識そのものです──、「偽」の観念が「真」のそれを仮定するのと同じく、「嘘」の観念は誠実さ＝真実性の観念を前提として、前者は後者の対立ないし否定です。忘れないようにしましょう、ここにはどうしても避けがたい相互性があります。そして彼は妥当で重大な注意を付け加えるのですが、これはとり

でしょう。

私たちがかつて執筆された以上に、いかに誠実さを失わせるその責任は系譜学の脱批判的な概念が政治
覇権の時代においては過去に強力として（いかから診しいたためにわかせる失き用を失わせるその系譜学の脱構築的な概念
わかる。いかから診したため同時に、この警告を誠せるまたその責任は系譜学の脱構築的な概念
いわゆる断すると執筆したため。そのへの倒錯的な歴史的な系譜や誠実
主義の現在の資本主義的全体としての実践的な倒錯的な歴史や系譜学の途上において私たち
あへの資本主義の全体としての実践的な決定可能な歴史を導いてしまうことがわかるのだろうか。今日や明日には果たして
かへの実践的な技術的実践的現代にお九四によって倒錯してしまうのだろう、その概念が今日や明日には果たして――嘘の概念
の技術的実現代には一によって倒錯してしまうのだろう、その概念が今日や明日には誠実

72

ところで、全体主義体制の公式哲学が一致して主張するところでは、万人のための唯一の客観的真理という考え方はいかなる意味もない。また「真理」の基準はその普遍的な価値ではなく［のちにコイレは指摘しているのですが、『我が闘争』のなかには嘘の理論があり、この著作の読者はまさに彼ら自身のことが語られていることを理解しませんでした。たしかに『我が闘争』は、その嘘の実践という点のみならず、嘘の明白な理論化というわけ──ヒトラーが「大規模な嘘」と呼ぶものの理論化という点で、今日、かつて以上に検討されるに値するものです］、人種、国民、階級の精神へのその合致、民族的、国民的、社会的なその有用性である。真理の生物学的、実践主義的、プラグマティスト的な諸理論を最後まで引き延ばし、推し進めることで、「聖職者の裏切り」と実に見事に名づけられるものをかくして消費することで、全体主義体制の公式哲学は、それらにとって、光明ではなく武器にほかならない思想に固有な価値を否定する。それらの哲学によれば、その目的、その機能は、現実、つまり存在するものを私たちに明らかにするのではなく、存在するものを変容させて、存在しないものへと私たちを導きつつ変形する点にある。だが、そのためには、実に長いあいだ知られているように、神話がしばしば科学よりも好ましく、また、情熱に訴えかける修辞の方が、知性に訴えかける論証よりも好ましい[32]。

☆32 A. Koyré, « La fonction politique du mensonge moderne », art. cit., pp. 180-181.

まり、地位や約束を設定するといった同種の媒体を含むあらゆる言語行為的な公共的な同意言説に先立つ主題領域に啓示的な客観性を及ぼしています。しかし、媒体を含むあらゆる言語行為的な公共的な同意言説は、アレーテイア（aletheia）の真理——つまり、あるものを真理として釈するのは、彼が告発する誤解を避けることによって実体的であり、彼のいう危険を避けるための、彼が私に誤解を避けるために真理として釈するものは、あらゆる非

（事実確認遂行以上のことは、あるものを真理として釈するのは彼のいうように危険を避け、正当化する、彼の言説に進展させつつねらう目的は、実践的生物学的警戒へと必然的へと、私は強調しておきたいのですが、真理主義や全体主義に見られる同意をともなうための公共哲学の公式主義の真体主義に見られる同意によって、彼はいうのと呼ぶなにものかを仕方によっては彼は適した公共哲学の公式によっては彼によっておけるとしておけるのでおけるのではない別の同じ懐疑論による真理のあらゆる彼だにおけるあらゆる非

脱構築として（適合・事実確認遂行）とは、あるものを真理として釈するのは彼のいうように危険を避け、正当化する、彼の言説に進展させつつねらう目的は、実践的生物学的警戒へと必然的へと、私は強調しておきたいのですが、真理主義や全体主義に見られる同意をともなうための公共哲学の公式主義の真体主義に見られる同意によって、彼はいうのと呼ぶなにものかを仕方によっては彼は適した公共哲学の公式によっては彼によっておけるとしておけるのでおけるのではない別の同じ懐疑論による真理のあらゆる彼だにおけるあらゆる非

を失ったり、麻痺させられたりするおそれがあるでしょう。

　私はここで、同じくらい必要不可欠な二つの注意を強調しておきます。一方で、コントによって表現された疑念を取り除くために、私はこんなことを言うわけではありません。いま一度言いますと、こうした疑念は不可欠で正統なものであり、いかに喫緊のものであれ、これらの新たな問題系を見守り続けなければなりません。他方で、なるほど、これらの同じ（実践＝脱構築的なタイプの）新たな問題系は矛盾した利益に実際に役立つことがあります。しかし、こうした二重の可能性は、それがいかに不安なものであるとしても、同時に好機から脅威として開かれたままでなければなりません。そうでなければ、私たちはもはや、プログラムされた機械による無責任な展開ばかり相手にすることになるでしょう。倫理的、法的、政治的な責任——かりにそのようなものがあるとして——は、こうした問題系に付与されるべき戦略的な方向づけを決定する点にあります。この問題系は解釈と行為の問題系、いずれにせよ行為遂行的な問題系にとどまり続けますが、そのために、真理が、現実と同様に、適合の仕方で確認し反省することだけが重要となる、あらかじめ与えられた対象とはならないのです。それは証明＝証拠〔preuve〕と対立する証言の問題系で、私には不可欠な論点にみえますが、ここで展開することはできません。誠実さ／嘘の対立は証言の問題系と均質であって、真偽や証明という認識的な問題系とはいささかも等しくないのです。（これ以上説明する時間がないので、かりに足

系統を区別する必要はないのでしょう。嘘の位置と真理の位置を区別し、内部において区別しておけば。

嘘のほうが優位を与えられているかぎりにおいて、かれにとって、それは死を示すものでしかないのです。というのも、死をめぐる彼方へと向かうことだけが、かれに優位を与える。というのは、階層秩序の保存が、その上で独断的に対立するだけのあらゆる類似物を、形而上学的に満足するためだけなのです。というのも、全体主義体制としての戦略としては実は、あらゆる種類の銘刻の限界においてこそ、彼方は実に彼方

B はひとつの人物であります。「[ミ・ム・ミ]」的早口に明確に「いう」というのを即して明確に「いう」というのを即して明確にしておきましょう。私は数多くの問いへの妥協へのことをわけることにし、オーステンのいくつかの同じ行為へと即して、「純粋性」[34] 別の機会に対して「行為遂行的」即しての実に機会認識に対し「行為遂行

るのです。しかし私は、かれにとってかれが全速力で反復し、復活させることもしくするのですが、とても論述の限界というわけではありません。というのも彼方の論述の限界とは、しかし彼方が目指しているように一歩のほうへとしか向かいませんでした。しかしかれは一歩のところにしてとどまっていました。しかし私は参与してみなして、実に体制として彼方として実にそのためにとある鍵のうちに思われるのだということなのです

初めがあるものです。そのとき逆説的に言葉を使用します。私が即して言葉を使用しますが、私はこのことを別して即してとしますかし、そのための安全へのことを保留しかしその限界のための確保し私はそのうちに保留し、純粋な妥当へのそのうちに信用や縮約「性」[34] を信用や縮約へと回復を促したのでしかし別の機会に対しことに即して別の対立した「行為遂行」行為遂行し

☆33 ジャクソン『系譜学』大著（前掲）を見よ。

☆34 John Langshaw Austin, How to Do Things with Words, Cambridge, Harvard University Press, 1962, douzième conférence, p. 150 : tr. fr. G. Lane, Quand dire, c'est faire, Paris, Le Seuil, 1970, p. 152. [『言語と行為』坂本百大訳、大修館書店、一九七八年、一一〜参照。]

Ibid, première conférence, p. 11 : tr. fr. p. 45. [同前、一九頁。]

の転倒についてはニーチェが「誤謬の歴史」の末尾で（また他の著作で）、それで満足してはならないと言っています。

　さらにコイレをある程度長く引用しましょう。

　またその出版物でも（科学的と自称している出版物でさえる）、その演説でも、またもちろん、そのプロパガンダで、全体主義体制の代表者らは客観的真理についてほとんど気にかけることがない。全能の神そのものよりも強力な仕方で、彼らは思いのままに現在を改変し、そして過去をさえ改変するのだ［この歴史的な過去の書き直しによってこそ、彼らは、過去を変えることには無力とされる神までも超えるのです。一九四三年、ヴィシー政権下で、今日なら無限に拡張できそうな註記のなかで、コイレは当時、「全体主義体制の歴史教育」や「フランスの小学校の新たな歴史教科書」に言及しています］。ここから、全体主義体制は真理と嘘の彼方にあると結論づけることができるだろう――また人々はときにそう結論づけてきたのである。

　われわれの側からすれば、事実はまったくちがうと信じている。真理と嘘、架空と現実の区別は全体主義の観念と体制の内部においてさえも実に有効であり続けている。その位置と役割だけがいわば入れ替わったのであり、全体主義体制は嘘の優位に根拠づけられて

回帰しつつ、つまり、私たちはいわば、サッージ、家族、祖国、母なる祖国の別なる、ローマ〜〜ス〜〜誠実〜〜の——価値としての〜の実り豊かな大地へと

あたかも時間をさかのぼって言うかのように、あなたは私に、あなたがおいくつなのか、どこで生まれたのか、誠実（＝真理を重要とし……）あなたは私に、あなたがおいくつなのか、どこで生まれたのか、あなたが嘘を語っているのかを知るには、あなたが嘘を語っているのかを……

「コイレはこう論じます。なぜなら嘘は真理を引用し（〜〜〜〜〜〜〜）、元首の有名な言葉を引用する（つまりそれが歴史的な論証する（つまりそれが歴史的な構造をもつことを論証するのです）。定義上、嘘はつねに安定的な対立をつくりあげる。政治論上、嘘はつねに安定的な対立をつくり嘘はつねに真理をつけた嘘を語って、自国の近代とし……」と

ごとですから、嘘の形而上学的にどういうものかを同じするのか（自認

（一人称名詞のところにメタ……）これらの言葉の強調はコイレによる）。

☆35
A. Koyré, «La
fonction politique du
mensonge moderne», art.
cit., p. 181.

としての大地への回帰というその反動的イデオロギーを分析してみたいと思っていました。「大地なら嘘をつかない」と言っていたのは、国民革命のイデオローグ、ギュスターヴ・ティボン[★36]でした。ペタンを引用したあとで、ティボンは「大地のリアリズム」についても語っていたのですが、そのとき、他の人物が「女性的リアリズム」と呼んでいたものも、誠実さ、真正さ、大地的なもの、女性的なものが結びあわさった称賛を駆り立てていたのです[☆36]。

コインが記したこれら数頁で開かれた方途のなかでも、その少なくとも一つを特別に選び、そこで重大な問いを宙吊りにしておくべきだろうと思われます。

A　まず、裏の意味をもった嘘のきわみからなる逆説的倒錯が問題となります。「とりわけマキャベリ的技術」とコインは言っていますが、それはヒトラーが用いて指導者となった技法であり、素人たちに真面目にとられないと知っていて真実を言うというものです。いわば「白昼の陰謀」で、ハンナ・アーレントもしばしば近代の嘘の形象そのものをそこに認めています。すなわち、それを信じてはならないと信じている者たち、自分に利口で、懐疑的で、情報通だから信じるべきことを知っている者の方に入るのだと思っている信じやすい者たちを騙すことを意図して真実を言うのです。コインは、フロイト同様、この策略を同定した最初の者ではなかったことになりますが、マスコミと全体主義の時代に近代の政治的技術としてこれを解釈するという配慮を示しています。

☆36　Gustave Thibon, *Retour au reel, nouveaux diagnostics*, Lyon, Lardanchet, 1943, pp. 3 et 5. Francine Muel-Dreyfus, *Vichy et l'éternel féminin : contribution à une sociologie politique de l'ordre des corps*, Paris, Le Seuil, 1996, p. 27 からの引用。ティボンの言葉を指摘する前に、フランシス・ミュエル＝ドレフュスは『敗北を前にした知識人たち』（Michel Mohrt, *Les Intellectuels devant la défaite*, Paris, Correa, 1941）を分析しながら、次の通りです。「興味深いことに、コメントにおいて、一九四〇年六月二二日付のある『ささやき日記』で、ミュエルは…「真の価値」への回帰や農民の礼賛のなかに女性と大地に関わるもの同じ調子を認めている。コメントは「頑なで柔しやかな清楚」といった清水、ほそやかし

なしでましょうか。国家主権の覇権的な真理であるとしましょう。そのとき、そのあらゆる点において国家主権の真理というのは、秘密の領域なしには合わないのか。このポリスというのは、秘密の領域というものを拡張したいと望むのです。ポリスの前の政治的秩序は、アンティゴネの別の市民としての、全体主義的な別のアンティゴネの萌芽が客観的な場にない

現象的にしか、それは現れないのではないか。暗号、噓への誘惑がうしてのか。このポリスというのはあらゆる種類の本質という形に振る舞うものとして、秘密の本質としての権利をもつ。しかし、合うのは、誰もが秘密の領域の拡張の際には要求するのは、民主主義の反対の政治的なヘスリという法の前の政治的審級は、そこにこの政治的透明性の光とと

第二に、あるいは秘密のある論考の規範的な視点からあらゆる暗号の論が開かれている。その主題はひらかれています。公共の安全を引き出そうとしての不安定な現実として言われた暗黙の主題についていう秘密結社 [société secrète] という政治的な陰謀が許される「自律」の主題におけるある秘密の暗号学が実際

B
秘密のあるのです秘密の論の理論は開かれています。その形である秘密学 — 政治学の独自の展開は不安定な公共体 [res publica] の公共の安全を引き出そうとしての自律的な絶対主義的な政治の透明性の光

「société à secrets」という秘密を仕掛ける社会は

なにかを知覚したとしても、そのことについての沈黙を記述することがらを「女性」を示すのだから、彼女の「実際の女性を示す」として女性を示すのだとしても、あらゆるポリスの「実在のフェミニンの」として記述したとしても、これを女性性を示したのだから「暗黙の政治を差し出すというに、あらゆる国家のというに、高度な調和と干渉を参照し、民主主義を普遍するように、その勇敢な光を国家暗号を参照しているからだが、彼の

08

ス会の修道士そしてマラーンら★37を……に読むことをやめませんでした。「若しスペルタ人あるいは若しインデアンの嘘への誘惑、あるいはマラーンやイエズス会の修道士の精神構造を無作為に引用してみよう」☆37。

もしこうした現象主義や全面的な政治優先主義に反して秘密への無条件の権利に固執するならば、もしこのような絶対的な秘密が到達不可能で傷つけられないものにとどまらなければならないとしたら、この絶対的な秘密は政治的な秘密に関わるというよりも、むしろ、マラーンの換喩的で一般化された形象において、政治的なもの、さらには神学-政治一般の限界画定しうる領域に抗して、その彼方へと向かう抵抗の権利としての秘密への権利に関わるでしょう。

政治的領域においてこうした抵抗の原理は、その形象のひとつとして、不可抗力の場合、国家理性が倫理について最後の決め台詞を発しない場合に、アメリカ合衆国がそのもっとも尊敬に値する伝統として実に見事な言葉で「市民的不服従〔civil disobedience〕」と名づけるものへの権利を鼓吹するかもしれません。これは、その名称のもとで――この表現を鍛え上げてきた人々がもともと考えたく――発せられるあらゆる言説の公理系を人々が目をつぶったまま受け入れているということを必ずしも意味しません。最近のあまりに頻繁に言われていることですが、市民的不服従は必ずしも法一般に背くように呼びかけるものではありません。そうではなく、人々が次のように分析したのちに判断する場合、実定法に抵抗するように呼びかけるのです。つま

☆37 A. Koyré, « La fonction politique du mensonge moderne ». art. cit., n. 17 【編註】

☆38 Henry David Thoreau, *Civil Disobedience and Other Essays* [Mineola, Dover Publications, 1993 【編註】]『市民の反抗 他五篇』飯田実訳、岩波文庫、〔一九九七年〕、とりわけ Ralph Waldo Emerson, « Politics » (*Essays and Lectures*, New York, The Library of America, 1983) を参照されたい。

しまいます。レーニンは

まず第一に、

「道徳」表現に瞭明を憂慮して、という仕方で引く。方からレーニンは好都合な歴史で、嘘の歴史、計画に不都合な数のモメントを一方から――レーニンは、四つの電報から「道徳」な説教的か、彼と類似かの相違から差しうるよのように、レーニンは歴史を結論したということをしまいます。

それはなぜなら、引用としては、レーニン・アレントというふうに立つならば、彼らの結論において、実定法が上位なのです。つまり正確さが実定法が上位なのだということ――だとしても、可能でしょうか。実定法とそれ自体や普遍的な正確さが矛盾しておりますが、実定法と自体や普遍的な正確さが矛盾しておりますが（だとえば人権）、実定法が上位なのだということ。

他方、そのような引用であるとしても、可能でしょうか。レーニンの序信や修辞によって実定法が裏切られるということ、当の実定法の精神として正確な歴史を保持しな

☆39 「真理と政治」における非道徳的な嘘を擁護するためには、真理を歴史の長大な物語をちりばめるためのうそを擁護する非道徳的な戦争

« Vérité et politique », La Crise de la culture, op. cit., p. 292). [『真理と政治』一三〇頁]

「外の意味において」これらの問いを論じようとしたのです。

　二、アーレントはメディアの発展を考慮するだけでなく、イコン的代替物、イメージ）[☆40]公共空間規定を変容させてしまった新たなメディア的構造を考慮しています。こうした主題系は、コインの議論には欠けているようにみえます。ここでは慎重になる必要があります。たしかに、イコンの模像への技術的な変容が生じており、模像は、このとき事象そのものとみなされ、事象そのものを表象＝代理することをやめ、そうして事象そのものを破壊することで、これに取って替わり、記録＝保存する唯一のアーカイヴ、また同時に、記録＝保存された出来事と化すのです。しかし、このことは、構造上きわめて異なった諸現象を引き起こすかもしれません。

　一方で、古典的な形式、つまり、熟慮に基づいた意図的な形式での嘘やまやかし、そうしたテレビの編集を引き起こします。テレビの編集といえば、たとえば、別のアーカイヴに収録され[★38]たフィデル・カストロの談話を、フランス人ジャーナリストのための独占インタビューとして紹介したものがあります。ちなみに、この事例でさえ、問題は明白ではなく、すでにみたように、フランスの法律はこのままやかしを嘘、つまり、有害な欺瞞として規定するには無力なままです。なぜなら、苦情を訴える資格のある受信者にこうした歪曲が害を与えたこと、あるいは、任意の誰かが法的主体として、こうした濫用に抗議することができることを証明するのは容易ではないからです。しかし他方で、意図的で意識的ないかなるまやかし以前に、またその

[☆40] 「イメージ」は現代の政治的な嘘に別されたあらゆる分析の霊的なしはある主要概念す（「製作された」イメージ）。「イメージ」。嘘やカンタ……「イメ」「イメージ」対の未来「決定的に……［……］イメ……等々（*Ibid.*, pp. 325-326 *et passim*）［同前、三四一ペー三五〇頁以下］）。イメージという言葉と概念はここでは混乱した元です。このこうした変容をコインの分析によって描き出されているだけのようにみえます。彼女が語っているだけ……れども替物の代替的……限定な影響及及を変……固定な代替物を（たとえば「生」や「ライヴ」という信用しようとする……まさに置換し表象を指示も、表象をやなく、知覚そのものを指示も、表象をやなく、知覚そのものを……

的三。

的な境界に
線に包囲し、力強
用し、ますます個人的な鏡像を
包囲へ、まず

政治的な枠組に
というこの嘘は
というのも、その
容易に総合する場のある
い像をしている鏡
ちが理論的な言葉関係に分析されないながら、
それを理論的な概念として「情報」を知らせる
という偶然的な因果関係は替えなら、
偶然的な国際関係に前述に従って
然的な実践的な遺過する嘘
にはな社会の

嘘のじぶんである操作ある自己欺瞞ゆる情報の集まるという効果をもつ超越的な指示参照からなたは、誰よりも重大な歪曲を引き起こすことは誰よりも重大な歪曲を引き起こすが確
政治的な指示参照からなたはゆえに欠如した同時に嘘を抽出し、あたかもゆえに欠如したへとよりよく望んだメートルある真理性とのあたかも欠如のためある真理性の不在としてあるというのためにある個人的な集団画面代替するものは選別したへともたせた編集なかたちに参画個人的集団画面代替すると言えます。私た実解取り返しよりよく嘘を語りなお解釈的な重大を引き起こしますとよび原理に返し嘘を語りなおし原則に従ってた国際企業の意図大のものからの不在であるという事象それは頭脳的な事態はそれは
然的な実践的な

の瞭れたことには
外にこことにいたし
ないことは真理と学理には
私と同じようにして、たとえ本上から観点からこのだから、本非政治的な観点をもつこと以上が政治性の政治性政府をのあるいは他の越は何らかの立つことに
の味味を越える意味をもたす

（41）H. Arendt, « Vérité et
politique », La Crise de la
culture, op. cit., p. 313. 〔真理
と政治、前掲書、三三四頁〕

84

い数々の理由で、線を引くことが困難であり続けるとしても、原則的にきわめて厳密な境界線です)。これは二つの方向でおこなわれます。すなわち、一方で、人間がその「単独性」において、その孤立した個人性の「哲学的真理」において「本来、非政治的」であることをしるしづけることで[41]、他方で、政治的なものから潜在的に独立している司法や大学の領域を、政治的な嘘のこうした限界画定における新しい使命や主要な責任を割り当てることによって[42]。

四 最後に、アーレントは、十分な、あるいは規定的な言葉を展開もなしに、嘘の行為遂行性の問題系を素描していますが、その構造と出来事は本質的な仕方で行動の概念により明確には政治的行動の概念に結びついているとされます[43]。彼女がしばしば指摘することですが、嘘つきとは、あえて言えば、すぐれて「行動の人」です。嘘をつくことと行動すること、政治において行動すること、行動でみずからの自由を表明すること、事実を変容させること、未来を先取りすることとのあいだには、本質的な類似性のようなものがあります。想像力こそが、アーレントによれば、「嘘をつく能力」と「行動する能力」に共通する根幹なのです。イメージを産出する能力、すなわち時間の経験としての産出的構想力のことをカントやヘーゲルなら考えたでしょう。嘘とは未来なのだ、とアーレントの字義の彼方で、ただしこの文脈においてアーレントの意図に背くことなくあえて言うことができます。真理を言うこと、それは反対に、あるのままのこと、あるいは、そうであったことになるであろうことを言うことであり、むしろ

る」(Ibid., p. 330)〔同前、三五四頁〕。「政治の領域の外の立場」すなわち「私たちが所属している共同社会から、仲間との交わりから退く立場は、独立しているあり方の様々なものとして明確に特徴づけられている。真理を語る存在様式に顕著な特徴をもつ孤独の模範者である哲学者のみならず、科学者や芸術家や歴史家や裁判官や目撃者、報告者の独立であるようなものが、この場合の公平さとは、[……]政治の領域のうちのどこかで獲得されるのではなく、このような活動をおこなうために要求される政治の領域の外の立場に固有である)」(Ibid., p. 331)〔同前〕。「当然ながら、私たちのあいだに衝突が生じてはじめて、真理衝突が手もとに、まして潜在的には反政治的でありうる本性をもつ――「真理は世界が滅ぶとも」――ということに気づく。私たちがこれまで強調してきたのはこの側面である」(Ibid.,

明白なことだが、アーレントは言葉が少なくとも二つの意味で「力」をもつことをいっている。もしくはよりより根本的には言葉にこめられた嘘がある様態を付与されたことへ──つまり私たちが解釈し、さまざまな翻訳をつうじて（いわばある種のの一般化された歴史という自由としての行動としての政治の観念をまり自己の自由がわれわれの行動の歴史という観念のもとに可能性が存在するためにはこうして時間がある慎重にこうしてるところがあるためだ。

なしには、嘘は嘘をつくという能力は世界を大きな利点をもつこのだが、人間が現実に住まう世界のなかの自由を換えねばならない。しかしこの自由を実在を確証する必要がある彼は俳優＝行為者［actor］だ明白な真理を証明することが彼に真に

彼女や連れたとしても世界の変化をこれたとしても自由のよりよくかのようにそのよりよく変化の際には取り以下の無から新たに行動者として現れるねた「人間」として顕わ

ら、けだしかれにとって言葉が当のうちに、アーレントはかなか可能性へのそれは（政治の歴史がた可能性の歴史とおける指標そのものがない割り

であるというこ。つまり、彼は政治ある──彼は言葉によって嘘をつくという大きな利点をもつためというとき。［……］

彼女や連れは「行動」は選好する過去をそ嘘の変化を要するためにのそその限界をめぐるためにわたって嘘をつくというだけでなく類似性「可能性」をアーレントは語っています。

──この慎重さ［真理と権力を調停する必要がないだろう、彼の真実を確証する必要があるのです。

（*Crises of the Republic*, op.

れ」不可能ではないか
を現実的あり……
）
p. 331（同前、五三三頁）
Ibid, p. 332（同前、五

98

あるのです。また〔その場合には〕同様に、想像力と時間の可能性、時間としての想像力の可能性も必要でしょう。

アーレントの言説はいかなる点で、みずからがこのように開くものを閉じてしまうのでしょうか、あるいは、これを再び閉じてしまうリスクを冒すのでしょうか。これこそが、結論のために、あるいは、少なくともこの遠慮がちな序論に決着をつけるために言及しなくてはならないだろうことです。

というのも、逆に、四つのモティーフが、こうした歴史を真面目に考えるさいに、禁止の役割とは言わないまでも、抑制の役割を演じてきたように私は思われるからです。

一、証言や証明という真の問題系の不在。アーレントはこうした概念の歴史に関心がありません。また、この概念を証明やアーカイヴから厳密に区別するものに関心がありません。たとえ事実上、また偶然でない仕方で、ある曖昧さがこれらの根本的に異質な可能性の境界をつねにぼかしてしまうとしても、です。「事実の真理」と「理性の真理」の区別はこの言説全体の骨組みをなしていますが、ここでは不十分に見えます。アーレントは暫定的かつ便宜的にしかこの区別に依拠していないとみずから認めています☆45。たしかに一度ならず証言を名指しているのですが、嘘——つまり、信頼や誠意——についてと同じように、証言を形相的な分析の真の主題とはしないのです☆46。もっとも、コイレもそうでした。彼らは二人とも「嘘をつくこと」が

cit., p. 5. [« Du mensonge en politique... », *Du mensonge à la violence, op. cit*, p. 9. 【編註】] 〔政治における嘘、三二頁〕。当然ながら、想像力のこうした構成的概念を、先に前述した「イメージ」に関する言説に関係づける必要があります。

☆44 H. Arendt, « Vérité et politique », *La Crise de la culture, op. cit.*, p. 319. 〔真理と政治」三四頁〕

☆45 *Ibid.*, p. 305 sq. 〔同前、三二五頁以下。「私は理性の真理と事実の真理が意見に対立したというふうに述べたが、それは半面の真理にすぎない」〕

☆46 *Ibid.*, pp. 303, 310. 〔同前、三二二、三二三〇頁〕

☆47 « Du mensonge en politique... », *Du mensonge à la violence, op. cit.*, pp. 39-40, 47 〔政治における嘘」三二一—三二、四七頁〕, et « Vérité et politique », *La Crise de la culture, op. cit.*, pp. 296, 324. 〔真理と政

精神的な領域や差別や分裂状態から、自己の構造から、自己自身からの飛び地として現れます。（ここでは、自己自身から）別の自己性の他者への生成において、自己自身からの別の関係から、敵対的な源泉からの生

これらの言説においては、その言説が生じるのは、別の自己性を足して、別の言葉において、自己の自己性は排他的な嘘をついている

少なくとも——自分は先人への信頼を知らず、同士関係を論証したりするような、意図的な嘘をつくことはありません。つまり自分相手に嘘をつくことはないのです。主観性や他者性を必要とする意味的な理論上の嘘として、他者への意味のある嘘としての古典的な経験は、他者による意識的な古典的な嘘として、自己自身からのように、それゆえ他者への嘘として、別の名を持つような他者による他者への

——まさにハンナ・アーレントのような決定的な役割を果たしている「自己」という振る舞いにおいて、いわゆる無関係性という決定的な役割を果たしている「自己」。今や「自己」に直面する「自己」について、いわゆる無関係な論証されているというような決定的な役割を果たしている「自己」

何を意味するのかを知る自己という概念や、「自己」に直面する自己、「自己」についての、いわゆる無関係性という決定的な役割を果たしているのです。☆47

☆47

☆48 『存在と時間』三〇三頁以下。なお「『存在と時間』四四頁」（真理性）における「嘘をつくこと」（真理の取り組みとして）について、ハイデガーは『論理学』のなかで論じている。（真理）［真理］における「嘘をつくこと」について第二節の規定において論じられているように（『真理論への第二の取り組み』四四頁）「言語の事実性のうちに嘘がある。［…］言語のこの根本可能性のうちに、嘘をつくことの事実性がある」

« In der Faktizität der Sprache liegt die Lüge [...]. In dieser Grundmöglichkeit der Sprache liegt die Faktizität des Lügens », p. 35)

dans Gesamtausgabe, vol. 17, (Wintersemester 1923-1924), 門は『現象学的研究への入門』（『現象学研究入門』）

Livre I, ch. I, op. cit.

☆48 『存在と時間』三〇三頁以下。なお「現象的な研究の基底にある可能性」について［…］嘘は事実内容にかかわり［…］嘘は事実内容に本来的に可能性のこと

☆49 H. Arent, « Vérité et politique », La Crise de la

自己くの嘘や自己暗示と呼んだ諸現象に相対することができるわけではありません。私はそう
は思っていません。しかし、コイレとアーレントは、二人とも政治における自己くの嘘を論じ
るさいに、フロイトの――そしてハイデガーの最小限の示唆を避けるべく、見たところ、
万事を尽くしています。☆58 これは偶然でしょうか。イデオロギーというマルクス主義的概念の名
を、たとえ練り直すためであろうと、挙げていないのは偶然でしょうか。その根本的な不明瞭
さにもかかわらず、ときにイデオロギーを活用してきた諸言説の哲学的ないし理論的、さらに
は政治的な限界にもかかわらず、このイデオロギーという概念はやはり、私たちがここで規定
しようとしているものの場所 [site, place] をしるしづけます。たとえこうした規定が一種の否定的
な場所論にとどまるとしても、それは貴重なのです。この規定によって私たちはさらに先へ
と、意識や意図的な――少なくとも、その現前や自己同一性が充実した――認識の彼方に向か
うことができます。すなわち、誤謬、無知、幻想の場でもなく、嘘や自己くの嘘でもない非-
真理の場の方へ向かうのです。マルクス主義的な意味でのイデオロギーは原則的に、まさにこ
れらすべてなのです。イデオロギーの言葉や概念がみずからが超え出る空間のなかになおも刻
印され続けているそれがあるとしても、来たるべき問題系――しかも聖書の啓示の真理に
おいても、真理の哲学的概念においても、その根幹から根拠づけられないだろう問題系――の
場に狙いをつけていることにはいささかの疑念もないのです。

culture, op. cit., pp. 328-329.
［『真理と政治』、三五一―
三五三頁］たとえば、「ア
メリ」では「……」安定性
しかしながら事実性は別の
様ではないし端的に存在する別の
ものはともっている反なる
い」(Ibid., p. 328 ［同前、
三五一頁］)。である

から次のように主張するあり
ようなを主張するあります。
「過ぎ去った事実のあらゆる
私たちの手の届かないえ完元
となる事実のリアリティ代
がそのある確固たる否定性
の代本性[...]権力は性を本性
上決して生み出せない。

奇現われるが、事実の脆さは
現実は堅固たるものとして
――人間の行為ともともと
し、あるいくたび不可逆性と同じ
ものと――に結びついてい
る」(Ibid., p. 329 ［同前、
三五一――三五三頁］)。「政
治アーレントは実敵な楽観主
義もっていると書いている
した「経験豊富な嘘つきを

ちは安定した「真理」の残存へと真理は存続し続ける。

嘘をいうことだけでは、それは真理の存在や確証されない〔アナイアス〕の
効果によって（ことをいい続ける）、その効果によってだけだとしても、

嘘の概念は必要とされないのであって、古典的な規定には数多くのメシア
（ンティ）の概念＝意図の〔...〕は必要とされないのであって、

効果として）。この同じ概念は経験を与えます。が、一般的な真理
が返されるのではないかというところに、それは嘘の規定する手段であり
への対抗した際限のない嘘の構築の規定する手段であり
来し作用して生きがイメージの際限のない生き

能性とは、それゆえ排除されないのである。

☆49 bebaios

☆50

なのである。このように嘘しているのは、衰えることのある
おかれているのによって概念を示すとしたら、それは衰えることのない歴史の計画
そのものである。しかし真理とはメシア・アーレントの計画を
ますが、その際には〔アナイアス〕可逆的な不動だといっているのですが、
ます。このように経験を与えます。が、重要なのは楽観主義の「現代」
そのである。は政治的に反映したのであるが、政治的な明晰した個人的な
は嘘の返しているのではないかというところにそれは嘘の規定するかもしれない。
嘘の構築はこのことではないかといい、信頼は懐疑的主義という結局
嘘のイメージのあるそのものをそのことの。このことを最後に明ら
かにしましょう。（選示不可能な特有な世界内や心理学に危ういすへの
可能性な生き

際限のないある際限のない
存続している真理は存在しかのようにして楽観
的な計画である

れて組み込んのにおいて楽観
主義的な計画である現代

Crises of the Republic, op.
cit., pp. 7 et passim」。

[訳註] 『暴力について』（山田正行訳、みすず書房、二〇〇〇年）五、一四頁。

Du mensonge à la violence, op.
cit., p. 11

堂を、この場合、今日の情報や叙述における今日のイメージから代替され品物はなすが、代替する事象そのものが明らかから代替する「真理」を指し示す参照と照応し続けます。前述したように（原註40）「近代的な複製物像が、テン・ビデオから生き継ぐ、それの選別と解釈の行為性を出すますが、が代替するものの絶対的な「真理の効果」はライブ中継、それのものが代替するものの替え破壊してしまいます。この代替のおそらく、誰かが知らなかったいていますが、それを知り、あるい存在えておく、誰もがら存在しないます。つまり、代替された嘘の場合はつねに、あらためてねて、それをも〔そ〕知らなかったり、らうる絶対的な参照としては生き残

関係しているからです。）が生き残り統け続けることができる。無限に残り続けなければならないこと

と。そして、そのものとして決して現われないことを知っています。もし、嘘のその効果、すなわち損なわれた誠実さ＝真実性の効果が症候として破壊できないままであると考えるならば（私はそうは思いませんが、しかし、この巨大な問いはここでは保留しておきます）、そのとき、この場合においてさえ、症候の論理はもはや善意と自己欺瞞、意図的なものと非-意図的なもの、意志的なものと無意志的なものなどの対立を、要するに嘘をめぐる対立は、もはやたやすく合まれないことを認めなければなりません。まさにこうした場で、この務めは、ポスト精神分析の言説において、嘘と類似するあらゆるものを論じる症候学（言い間違い、否定、夢、無意識のあらゆる修辞的資源という、実に幅広く損なわれた真理）と狭義の嘘とのあいだで、新たな限界画定によって規定され続けるのです。狭義の嘘とはたとえば、フロイトが「子供のついた二つの嘘☆51」で論じた嘘で、この厳密な意味での嘘、そのものが実際、暴露をもたらす症候にしたつの真理の告白として扱われています。必要な変更を加えれば、私が冒頭で示した道筋、狭義の嘘の規定に関して、これ〔フロイトの議論〕に類似した補足的な務めが私たちを待ち受けています。

まやかしの際限のない生き残りを排除することによって、アーレントは嘘の歴史として歴史を、真理の臨在に対する皮相的で付帯的な現象的な偶発事とします。ところが、フロイトとハイ

歴史から数父の場合でも、現在に存在しないことが明らかになっていたとしても――誰かが語ったことを信じ、彼が存在したかのように、彼が存在した以上、「人間の尊厳」は由来の「人間」というよりも善を指示する。欺瞞という物語としてのキリスト教以上に非妥協的な状態だ。「人間の尊厳」という価値化された善――嘘=罪（善悪）という主題系の単純化以上の主題系は、啓蒙の時代において慈善的な嘘の有用性（mendacium officiosum[☆52]）の政治的・道徳的な有用な嘘の有用性に連続的に単純化してしまいます。

現存しないものへの幻像的な物語としての嘘は、幻影 [eidôlon] のまた幻像 [phantasma spectral] のまた嘘の物語として、キリスト教の特有の歴史を再度教化（キリスト教化）してしまうことに存するのではないでしょうか――つまり、現存しないことへの存在について、これは偽りの嘘『嘘』という主題系に有効なのでしょうか。欺瞞としての嘘としての虚偽的なものの政治的に政治的に有効な嘘の有用な嘘とは、現存在の存在しないことへの物語としての嘘以上にあるのでしょうか。存在しないことへのものとしての嘘は幻影の幻像を単純化しておりますが、現存在の存在しないことへの嘘の可能性を支える場合に有効であるから存する、人間本的な嘘ではなく、人間本的な嘘を指示する教父の数父において、現在に存在しないことが明らかになっていたとしても――誰かが語ったことを信じ、人間の尊厳は由来の善を指示する状態だ。

る」が、「結論」と言われるように、退廃した数父の場合も同じく治療的な「国家『国家』」用法の意味を経父によって、幻像のまた幻影が、現在に存在しないことが明らかになっていたとしても、治療的・政治的に有効な。

☆50 安定性 [stabilité] 信頼性 [fiabilité] 信頼可能性 [fiabilité]

☆51 Sigmund Freud, « Zwei Kinderlügen », dans *Gesammelte Werke*, t. VIII, *op. cit.* ; tr. fr., « Deux mensonges d'enfants », dans *Névrose, psychose et perversion*, *op. cit.*

〔『友愛のポリティックス』 *Politiques de l'amitié*, Paris, Galilée, 1994, *passim*。この安定性 [bebaios] については邦訳のこのくだりを、〕西谷修・立花史訳、二〇〇三年）

【編註】〔『…』で引く *Névrose, psychose et perversion*, dans *op. cit.*〕

四、最後に、こういうわけで、嘘の理論や歴史が計画されているとしても、その副次化、相対化、あるいは偶有化、さらには凡庸化のことがつねに心配になるかもしれません。たとえ政治における、あるいは人間の絆〔socius〕一般の歴史におけるまさに統整的理念としてのみ真理の目的論を受け入れるとしても（真理性のみならず）真理の最終的な勝利や確実な残存くのアーレントの確信がなおも支配的である以上、こうした点はかならずや心配になるはずです。

ここで私にとって重要なのは、こうしたリスクに対して、根本悪や人間的実存の本源的な退廃のしるしとしての嘘をめぐる（いまだユダヤ＝キリスト教的、カント的）仮説を対立させることではありません。私たちはいまだ同じ論理のなかにとどまっているのでしょう――これは、必しるしを破壊する必要はなく、思考しようと試みてしかるべき論理です。もしこのことがその記憶に応答しつつ、なおも何かを意味しているならば。そしてこうした論理を思考し始めるために、次のように指摘することは適切ではないでしょうか。少なくとも根本的な過誤やその無際限の残存の可能性がなければ、意識と無意識の歴史における、模像〔シミュラークル〕やイコン的代替物の構造における技術的変異をとくに考慮することがなければ、嘘そのもの、嘘の歴史の可能性、嘘に内在的に関与する歴史の可能性を思考することに私たちはいつも失敗してしまうでしょう。

した二つの嘘」前掲〕

☆52 「真理と政治」の註で（La Crise de la culture, op. cit., p. 376, n. 5.［「真理と政治」〔四〇一頁〕）、ハンナ・アーレントはプラトンにおける『国家』の重要な章句(414c) に言及しています。彼女はまさに〔 pseudos がギリシア語で「文彩」に応じて「虚構」「誤謬」「嘘」を意味しうる〕を指摘しています。しかし、私の知るかぎり、彼女は嘘について論じた文章「政治における嘘」に一度も言及していないし、文彩というものが規定可能なものにおける決定不可能なものにおける決定不可能性であるという意味で規定不可能なものだとすれば、規定不可能なものだからといって、規定からすれば可能であるとはかぎりません。

☆53 [E. Kant, Métaphysique des mœurs, II, Doctrine de la vertu, tr. fr. A. Philonenko, Paris, Vrin, 1985【編註】], §9.「「人倫の形而上学」井上正義・池尾恭一訳『カント全集11』岩波書店、

嘘を言われたと知る。しかし、それがいかにして結論づけられたというのか。あなたの知っているその歴史、それはあなたの歴史であり、ひとつの歴史的証言を、自状証言を必要とするのではないか。嘘の歴史――嘘の理論的な歴史、歴史的対象を構成しうるような嘘の歴史――は必然的に、証言の批判的な規定を、それゆえ責任の概念を意味するのであり、誰も証明しえないことがらの実質をなすのである。

☆56 M. Heidegger, « Die aristotelische Bestimmung des logos », dans Einführung in die phänomenologische Forschung, dans Gesamtausgabe, vol. 17, op. cit., Livre I, ch. I, §2, p. 35. 【邦訳】『現象学研究への入門』[五頁]

稲生を示す（ibid., p. 65）。

新たな概念把握を促す「嘘」の「ローマ法」の語源と原因の、「濫用と誤用」、新たな概念把握をうながします。ですが、そこまでの議論にはさらに異質な様態が存在しているように私には思われます。ラテン語のもうひとつの語が、あるいは日本語の単語が見られたい。より広い文脈のなかでこの嘘を扱ったものとしては、Michèle Sinapi, « Le mensonge officieux dans la correspondance Jérôme-Augustin », Rue Descartes, n° 8/9, op. cit.

二〇〇一年、三〇〇頁以下。別の議論については以下も

訳註

★1―――fable はラテン語形容詞 fabulous（話されること）から派生した語で、「作り話」「作り事」「寓話（主に擬人化された動物が登場する、教訓を含んだ物語）」を意味する。

★2―――フランス語の vérité は、ギリシア語 ἀλήθεια、ラテン語 veritas、ドイツ語 Wahrheit、英語 truth などと同じく、日本語では「真実」「真理」と訳される。「真実」は「嘘偽りでない本当のこと」を、「真理」は「否定することをえない普遍的で妥当性のある正しい法則や事実、道理」を含意し、日本語では両者のニュアンスは異なる。本訳書では文脈に応じて「真実」「真理」と訳し分けているが、その相違は必ずしも明確ではない点に留意されたい。

★3―――嘘（mendacium）、偽証（falsum testimonium）、偽誓（perjurium）は、キリスト教において、聖書に始まり、教父らの解釈を通じて、七つの大罪のひとつである貪欲のなかに位置づけられた。貪欲さから銀貨によってイエスを裏切ったユダが、象徴的な「嘘の父」とされる。

★4―――ニーチェ『偶像の黄昏』原佑訳『ニーチェ全集14』ちくま学芸文庫、一九九四年、四六―四七頁。デリダはかつてニーチェ論のなかで、ハイデガーの解釈を検討しながら、女性と真理の関係をめぐって「誤謬の歴史」に言及したことがある（「尖鋭筆鋒の問題」森本和夫訳『ニーチェは、今日？』ちくま学芸文庫、二〇〇二年、二七二―二七七頁）。全文は次のとおり。

いかにして「真の世界」が最後には寓話となったか
誤謬の歴史

一、賢者、敬神家、有徳者にとっては到達されうる真の世界――彼はこの世界のうちで生きている。彼はこれらの世界そのもので。
（理念のもっとも古い形式であり、比較的賢明で単純で説得力がある。「私ことプラトンは真理そのものである」という命題を書き変えたもの。）

95

場合とちょうど同じだ。それは「偽」だが、彼は偽のことを知っているということはありえない。なぜなら、偽のことが知られることはありえないからだ。」

ソクラテス「そうだね」

メノン「ではどうして、君は、彼は偽の人間でありながら偽を言うことができるなどと言うのかね、もし彼にそういうことができるのであれば、彼はその能力に関しては、善い人間ということになるのだろうから。」

★5──「メノン」(小)、「ヒッピアス(小)」に同じ。訳は、田中美知太郎訳『プラトン全集10』岩波書店、一九七五年、『アメリカン・マインドの終焉』364-368を参照。

(真理）
だが、必ずしもそうではない──
(男）人生の前半、良識、そして世界とその諸現象を、私たちは自由に冒険する世界、決断する世界の中で、つまりアメリカ的な世界の中で……だ。

五、明けの明星、「真理」、理性のためには──
(真理）
知のためには、はじめにいかなる真理があるのであろうか。
（根本的な真理）
の世界、私たちが古くから住んでいるあのニュートン的な真理
（女性の真理）
かくれている真理、有徳者、数学家、哲学者のためのものであり、真理の世界

い。

96

ている以上にその事柄に関して能力がないということなのか。」

ヒッピアス「むろん、私としてはその能力がある者のことを言っているのだ」

ソクラテス「そうだとすると、要するに、偽りの人は知者であり、偽ることにかけて能力のある者と言うことになる。」

ヒッピアス「そうだ。」

ソクラテス「だとすると、偽る能力がなく、無知である人間は、偽る人ではありえないだろう。」

ヒッピアス「その通りだ。」

★6———「同じ者が虚偽なる者でありまた真実なる者であるとした『ヒッピアス』の議論は、ひとを迷わせるものである。そのわけは、この議論では、虚偽者は虚偽を語る能力のある者であり、それゆえにまた知識の思慮ある者であると想定されており、さらにまた故意に悪をなす者は、その優れた者である者と想定されているからである。ところで、この想定の誤謬のもとはその帰結推理にある。というのは、そこでは、故意に跛行する者は故意でなしにそうする者[本当の跛行者]よりも、そうら優れているからと言われているからである。だが、ここに「跛行する」というのは跛行者のまねをする、との意である。もしも彼が真に故意に跛行する者であるのであったなら、おそらくそのような者であったであろう。あたかも道徳的性格の場合においてもそうであるように(この場合にも)」(アリストテレス『形而上学(上)』出隆訳、岩波文庫、一九六一年、三三一―三三二頁。第五巻、第一九章 1024b-1025a)

★7———フランス語の表現 vouloir dire は人間が主語の場合「～を言わんとする」物が主語の場合「～を意味する」を表わす。デリダは『声と現象』において、ドイツ語の bedeuten (～を意味する) を vouloir dire で仏訳することを提案している。

★8———フランス語の動詞 tromper は「だます」「裏切る」「誤らせる」を意味し、その代名動詞 se tromper は「間違える」「誤る」「思い違いをする」「欺かれる」を意味する。デリダは代名動詞の再帰性を強調して「自分を騙すこと」という含意を読み取り、「自己への嘘」の主題を浮かび上がらせている。

★9———vérification は「検査、点検」を意味するが、ここでそのラテン語の語源 verus (真実) ＋ facere (つくる) を踏まえて fication がイタリックで強調されているため「真理化＝真理をつくること」と訳した。

★10———ここにヘーゲル哲学が参照されている。ヘーゲルからすれば、真理は歴史的運動を通じて実体としてではなく、主体として生成する。否定的なものも真理と単純に対立するわけではなく、あらゆる対立や矛盾が弁証法的に総合され、絶対知に向かって真理が現実化する過程をなしている。たとえば、『精神現象学』では、宗教的圧制において迷信

★11——原語は véracité（真実性、正直、真率）で、vérité（真理、真実）、ラテン語 véritas（真実、真理、真率）と同じく「誠実性」と「真実性」の両義にかかわるが、ここでは「真実を言う（語る）こと」という意味であり、「嘘」と対比される。véracité は「誠実性」「真実を語ること」を意味するが、信仰の段階の光のもとに置かれると、それは「真理の国」「誠実の国」への運動にかかわる。

★12——「嘘」と訳した語は mensonge（嘘）である。「嘘」とは「真でないことを言う（語る）こと」であり、「二重の」表現手段である。すなわち、言葉によって、言葉の内容と関連事実（真実）とを同時に表現する手段である。嘘は、発話の行為によって、言葉＝真実ではないことを示す。嘘は、本来、言葉と事実との間の一致を基礎とした言語的表現の重要な条件に反する行為である。

★13——la mauvaise foi（自己欺瞞）は、カントのいう「自分自身への嘘」に重なる概念である。彼らは、他人への嘘と区別して、自己欺瞞の現象を研究対象とした。自己欺瞞は、自己の中に自己を隠し、自己を欺く行為であり、自己の不安定な状態を隠蔽しようと試みる。

★14——「善意の嘘」（mendacium officiosum）は、他人を利する嘘、他人のためにつく嘘であり、「white lie」ともいう。善意の嘘は、嘘の意図によって、その嘘が犯罪的な嘘であるか、善意の嘘であるかが区別される。しかし、他人を利する嘘も、やはり嘘であり、言語的表現の重要な条件に反する行為であることに変わりはない。

★15——『高慢』第四章で、ジェイン・オースティンは「嘘」について語っている。真実が語られることが、他人との関係において重要であることを示している。

ての言表が真であったり偽であったりするわけではない。」（「命題論」早瀬篤訳『アリストテレス全集１』岩波書店、二〇一三年、一二八頁）

★16────ルネ・デカルトの『方法序説』第１部の有名な書き出し「良識はこの世でもっとも公平に配分されているものである」を踏まえた表現。

★17────「嘘の概念の歴史」は、嘘の定義や意味に関する歴史的変遷を指す。「嘘によって到来したあらゆる出来事による歴史」は過去に起こった出来事の総体としての歴史（ドイツ語の Geschichte）のことである。「嘘の物語を秩序づけるその真の歴史」は、現在において歴史家の考察を通じて編纂された歴史記述（英語の History）である。歴史が形成されるのは、過去の歴史的事実の客観的構成と現在の歴史家の解釈による主観的産物との不断の相互作用によってである。

★18────オスカー・ワイルド「嘘の衰退」西村孝次訳『オスカー・ワイルド全集４』青土社、一九八〇年。「嘘の衰退（The Decay of Lying）」は芸術論集『意向集』（一八九一年）の巻頭を飾る評論で、ヴィヴィアンとシリルによる対話形式の体裁をとっている。ワイルドは当時の写実主義的な小説の流行を批判し、芸術における嘘、つまり人間の想像力の重要性を説く。「芸術は自然の模倣である」というアリストテレスの命題に対抗して、ワイルドは「人生が芸術を模倣する」と主張する。

★19────ライナー・シューマン（Reiner Schürmann, 1941-1993）は、アムステルダム生まれのドイツ人哲学者。ミュンヘン大学で哲学を学んだのち、フライブルク大学でハイデガーのもとで研鑽を積んだ。一九七五年からはニューヨークのニュー・スクール・フォー・ソーシャル・リサーチで教鞭を執った。五二歳で死去した。寡作ではあるが、シューマンはデリダやフーコーらから高い評価を得ている。全著作は次の通りで、すべてフランス語で刊行されている。『マイスター・エックハルトと彷徨の歓喜』（Maître Eckhart et la joie errante, Denoël, 1972）、『諸根源』（Les Origines, Fayard, 1976）、『アナーキーの原理──ハイデガーと行為の問い』（Le principe d'anarchie: Heidegger et la question de l'agir, Seuil, 1982）、『打ち砕かれたヘゲモニー』（Des hégémonies brisées, Trans Europ Repress, 1996）。

★20────反省的判断力は、カントにおいて規定的判断力と対置される判断力である。規定的判断力は、すでに与えられている普遍的なものに特殊な事象を包摂し整序する論理的判断である。「この花は赤い」というように、悟性はすでに獲得した概念カテゴリー（赤い）を使用して、個々の対象（この花）を述定表現する。これに対して、反省的判断力においては、特殊な事象だけが与えられていて、判断力によって普遍が発見される。「この花は美しい」というように、個別的な事象を前にして、自然の合目的性が主観に与えられる。デリダは晩年、「かのように」の表現とその脱構築的な効果を高く評

99

★27————フランス語で res publica 'は' res（「もの」「こと」）と publicus（公の）からなる「公共のもの」「公有のもの」「共有のもの」「民衆の参与権を認められたもの」を指し示す。

★26————一九三一年から一九四〇年にかけて、フランス警察（ヴィシー政権）に拘束され、収容所に送致された多数のユダヤ人事件が犯された。渡辺和行『ヴィシー政権とユダヤ人』——国家と歴史の真実を認定した——東京裁判のようなもの。（二〇〇〇年）、（一九九七年）広松渉ほか、岩波書店（人文書院、一九九八年）約、五十月六日。

★25————「人権と歴史」今村仁司ほか編『哲学事典』岩波文庫、一九〇〇年、一六五頁。

★24————「嘘の歴史 [mensonge officiel]」西山雄二訳、『現代思想』岩波書店、一九九九年、一六五頁。

★23————『ならず者たち』（二〇〇三年）鵜飼哲・高橋哲哉訳、みすず書房、二〇〇九年、三三—三三七頁。批判書、岩波。

★22————「人権と主権」『無頼漢[ならず者]たち』谷口博史訳『デリダ全集』二、批判期論集、岩波書店、一九九四頁。

★21————ジャック・デリダ『条件なき大学』西山雄二訳、月曜社、二〇〇八年、一四—一五頁。Derrida, L'université sans condition, Galilée, 2001, pp. 27-28.

001

のもの」を意味する。ここから派生した表現 respublica は、君主が私的に国家を支配する政治体制ではなく、君主が存在せず、国家が国民にとって公的なものとなっている政治体制(共和制)を指す。

★28───ヴァンサン・オリオール(在任期間一九四七─五四年)、ルネ・コティ(一九五四─五九年)はフランス第四共和政の大統領で、つづく第五共和政では、シャルル・ド・ゴール(一九五九─六九年)、ジョルジュ・ポンピドゥー(一九六九─七四年)、ヴァレリー・ジスカール・デスタン(一九七四─八一年)、フランソワ・ミッテラン(一九八一─九五年)が大統領を務めた。

★29───一九五五年八月一五日、当時の村山富市・内閣総理大臣が発表した談話は次のとおりである。デリダが引用している箇所は傍点部分である。

「戦後五〇周年の終戦記念日にあたって」

　先の大戦が終わりを告げてから、五〇年の歳月が流れました。いま、あらためて、あの戦争によって犠牲となられた内外の多くの人々に思いを馳せるとき、万感胸に迫るものがあります。

　敗戦後、日本は、あの焼け野原から、幾多の困難を乗りこえて、今日の平和と繁栄を築いてまいりました。このことは私たちの誇りであり、そのために注がれた国民の皆様一人一人の英知とたゆみない努力に、私は心から敬意の念を表わすものであります。ここに至るまでに、米国をはじめ、世界の国々から寄せられた支援と協力に対し、あらためて深甚な謝意を表明いたします。また、アジア太平洋近隣諸国、米国、さらには欧州諸国との間に今日のような友好関係を築き上げるに至ったことを、心から喜びたいと思います。

　平和で豊かな日本となった今日、私たちはややもすればこの平和の尊さ、有難さを忘れがちになります。私たちは過去のあやまちを二度と繰り返すことのないよう、戦争の悲惨さを若い世代に語り伝えていかなければなりません。とくに近隣諸国の人々と手を携えて、アジア太平洋地域ひいては世界の平和を確かなものとしていくためには、なによりも、これらの諸国との間に深い理解と信頼にもとづいた関係を培っていくことが不可欠と考えます。政府は、この考えにもとづき、特に近現代における日本と近隣アジア諸国との関係にかかわる歴史研究を支援し、各国との交流の飛躍的な拡大をはかるために、この二つを柱とした平和友好交流事業を展開しております。また、現在取り組んでいる戦後処理問題についても、わが国とこれらの国々との信頼関係を一層強化するため、私は、ひきつづき誠実に対応してまいりま

★30——faute は「過ち」、「罪」、「責任」という意味で、キリスト教的な「罪」の意味もある。confession は「告白」「自白」という意味だが、宗教的・道徳的な意味を帯びている。erreur（英語の error）は「誤り」「間違い」という意味で、道徳的・宗教的な意味を帯びていない。faute（英語の mistake）とは異なる。

　★31——カミュ『ペストの時代』における「ペスト」は、第二次世界大戦中にナチス・ドイツの占領下にあったフランスの状況を象徴している。人類は「ペスト」と闘い続けなければならない。

　★32——ジャン＝ピエール・シュヴェーヌマン（Jean-Pierre Chevènement, 1939- ）はフランスの政治家。社会党左派を代表する人物で、欧州懐疑主義の立場から反EU・反グローバリズムの反連邦主義を主張し、一九九三年に社会党を離党して「市民運動」を結党した。新党は「共和国・市民運動」と改称し、二〇〇二年、一一五頁。市民運動をめぐる社会党の批判を条約批准の原因として、欧州連合の連邦的な国家...

（Mouvement des Citoyens）を結成し党首に就任する。二〇〇三年、政党の名称を共和派市民運動（Mouvement républicain et citoyen）に変更し、欧州連合に対抗してフランスの国家主権主義を主張している。日本語訳書に『《共和国》はグローバル化を超えられるのか』（國分功一郎・三浦信孝訳、平凡社新書、二〇〇九年）がある。

★33̶「人道に対する罪」は、第二次世界大戦後、ニュルンベルク裁判において「平和に対する罪」とともに公式に用いられた国際法上の犯罪である。「国家あるいは一般の国民に対してなされた謀殺・絶滅を目的とした大量殺人、奴隷化、追放その他の非人道的行為」と規定される。「人道に対する罪」は、戦時に犯されたか平時に犯されたか、その犯行の時期にかかわらず時効は適用されない。二〇〇二年に国際刑事裁判所（ICC）がオランダのハーグに設立され、「人道に対する罪」はこの裁判所の管轄事項となった。

★34̶「真実をつくる＝おこなう」は、アウグスティヌスを参照したデリダの自伝的テクスト『割礼告白』（« Circonfession », *Jacques Derrida*, Seuil, 1991, pp. 46-50）において重要なモチーフをなしている。デリダによれば、真実を本当に告白するという証言の本質は、ある隠されていた知識を打ち明けたり、本当のことを知らせたり、述べたりすることに存するわけではない。むしろ告白は嘘偽・偽証の可能性をあらかじめ孕んでいなければ成立しない。告白に隠されていた真実をありのまま明らかにすることは、別に「真実をつくり出す」という契機をそれにともなう。それゆえ、告白された内容と「真実」との適合の妥当性を判断することは告白の本質をなさず、告白を嘘偽や嘘に対する赦しを乞うという可能性を告白の行為に以前に必要とする。同様の議論は秘密や証言という主題に即して『パッション』（湯浅博雄訳、未来社、二〇〇一年、六〇頁）や『滞留』（湯浅博雄他訳、未来社、二〇〇〇年、三五頁）でも展開されている。

★35̶トニー・ジャット（一九四八̶二〇一〇年）は、ヨーロッパ史を専門とするイギリスの歴史学者。ケンブリッジ大学のキングス・カレッジで博士号を取得後、同カレッジで教鞭を執る。いくつかの大学を歴任したのち、ニューヨーク大学の教授に就任し、レマルク研究所でヨーロッパ研究を主導した。著書に『マルクス主義とフランスの左翼̶一八三〇̶一九八一年のフランスにおける労働と政治の研究』（一九九〇年）、『責任という重荷̶ブルム、カミュ、アロンと二〇世紀のフランスの知識人の責任̶ブルム、カミュ、アロン』土屋葉爾か訳、晃洋書房、二〇〇九年）、『ヨーロッパ戦後史』（二〇〇五年。森本醇・浅沼澄訳、上下巻、みすず書房、二〇〇八年）、『失われた二〇世紀』（二〇〇八年。河野真太郎ほか訳、上下巻、NTT出版、二〇一一年）、『荒廃する世界のなかで̶これからの「社会民主主義」を語ろう』（二〇一〇年。森本醇訳、みすず書房、二〇一〇年）、『記憶の山荘̶自伝的戦後史』（二〇一〇年。森夏樹訳、みすず書房、二〇一一年）などがある。デリダが言及している著作は、Tony Judt, *Past Imperfect: French Intellectuals, 1944-1956,*

★36──ギュスターヴ・ティボン（Gustave Thibon, 1903-2001）はフランスの農民哲学者。独学で哲学を修め、シモーヌ・ヴェイユとも親交があった。その著作は一九五〇年代に刊行された。

★37──「ミーレ」はミシェル・ポルト（Michel Porte）による。（J-M・ロ……）『……』朝日出版社、一九九四年。渡辺知明訳、朝日出版社、一九九五年。

★38──パトリック・ポワヴル・ダルヴォール（Patrick Poivre d'Arvor）は一九四七年一月一一日生まれ。フランスのテレビ局のアナウンサーだった。

Derrida, *La Contre-Allée*, La Quinzaine Littéraire-Louis Vuitton, 1999, pp. 21 et 23.

（University of California Press, 1992）である。

■訳者略歴

西山雄二（にしやま・ゆうじ）

一九七一年生まれ。神戸市外国語大学外国語学部英米学科卒業。一橋大学大学院言語社会研究科博士課程修了。現在、東京都立大学人文社会学部教授。（共著に『異議申し立てとしての文学』（御茶の水書房）、『哲学への権利』（勁草書房）、Imagining an Abandoned Land, Listening to the Departed after Fukushima (Lambert)。

訳書に、デリダ『哲学への権利』（全二巻、みすず書房）、『条件なき大学』（月曜社）、『獣と主権者』（全二巻、共訳、白水社）、『死刑』（全二巻、共訳、白水社）、『カタストロフィと人文学』（勁草書房）、『政治神学論集』（共訳、筑摩書房）、カイエ『一九五八-一九九三』（共訳、月曜社）、ほか。

■著者略歴

ジャック・デリダ Jacques Derrida

一九三〇—二〇〇四年。アルジェリア生まれ。パリの高等師範学校（エコール・ノルマル・シュペリウール）卒業。社会科学高等研究院教授を経て、「脱構築」によって世界的に知られる哲学者。

著書に、『声と現象』『エクリチュールと差異』『根源の彼方に グラマトロジーについて』『散種』『哲学の余白』『絵画における真理』『たった一つの、私のものではない言葉』『友愛のポリティックス』『マルクスの亡霊たち』『法の力』『死を与える』『動物を追う、ゆえに私は（動物で）ある』『獣と主権者』『嘘の歴史 序説』など多数。

【ポイエーシス叢書70】

嘘の歴史　序説

二〇一七年一月十日　初版第一刷発行

定価　　　　　　　　　　本体一八〇〇円＋税

著者　　　　　　　　　　ジャック・デリダ

訳者　　　　　　　　　　西山雄二

発行所　　　　　　　　　株式会社　未來社　東京都文京区小石川三―七―二
　　　　　　　　　　　　　　　　　振替〇〇一七〇―三―八七三八五
　　　　　　　　　　　　　　　　　電話（03）3814-5521
　　　　　　　　　　　　　　　　　http://www.miraisha.co.jp/
　　　　　　　　　　　　　　　　　info@miraisha.co.jp

発行者　　　　　　　　　西谷能英

印刷・製本　　　　　　　萩原印刷

ISBN978-4-624-93270-1 C0310

ポイエーシス叢書

1　起源と根源　カッシーラーとハイデガー　小林康夫著　二八〇〇円

2　未完のポリス　桑野隆著　二八〇〇円

3　形而上学の思想　ニーチェとハイデガー　那須政玄著　二八〇〇円

5　知識人の裏切り　宇京頼三訳　二八〇〇円

6　「意味」の地平で　川田稔著・河上倫逸著　二三〇〇円

7　人間の地平　飯塚勝久著　一八〇〇円

8　巨人の肩の上で　水田恭平訳　一八五〇円

9　無益にして不確実なこと　宇京頼三訳　二八〇〇円

10　タブローの解体　笠原賢介訳　二八五〇円

11　余分な人間の解体　W・ブルーメンベルク著　笠原賢介訳　二八五〇円

12　未来の共同体　ジャン=リュック・ナンシー著　湯浅博雄著　三五〇〇円

13　境界の思考　鈴村和成著　三五〇〇円

14　開かれた社会とその敵　カール・R・ポパー著　小河原誠訳　三〇〇〇円

（消費税別）

15 討論的理性批判の冒険 ハーバー哲学の新展開 小河原誠著 三二〇〇円

16 ニュー・クリティシズム以後の批評理論（上） フランク・レントリッキア著／村山淳彦・福士久夫訳 四八〇〇円

17 ニュー・クリティシズム以後の批評理論（下） フランク・レントリッキア著／村山淳彦・福士久夫訳 三八〇〇円

18 アイキュール ジェラール・ジュネット著 平岡篤頼・松崎芳隆訳 三八〇〇円

19 ニュー・クリティシズムから脱構築へ アメリカにおける構造主義とポスト構造主義の受容 アート・バーマン著 立崎秀和訳 六三〇〇円

21 スーパーセルフ 知られざる内なる力 イアン・ウィルソン著／池上良正・池上富美子訳 三八〇〇円

22 歴史家と母たち カルロ・キンズブルグ論 上村忠男著 三八〇〇円

23 アウシュヴィッツと表象の限界 ソール・フリードランダー編／上村忠男・小沢弘明・岩崎稔訳 三二〇〇円

25 地上に尺度はあるか 非形而上学的倫理の根本規定 ヴェルナー・マルクス著／上妻精・米田美智子訳 三八〇〇円

26 ガダマーとの対話 解釈学・美学・実践哲学 ハンス=ゲオルク・ガダマー著／カルステン・ドゥット編／巻田悦郎訳 三二〇〇円

27 インファンス読解 ジャン=フランソワ・リオタール著／小林康夫・竹森佳史ほか訳 三五〇〇円

28 身体 光と闇 石光泰夫著 三五〇〇円

29 マルティン・ハイデガー 伝記への途上で フーゴ・オット著／北川東子・藤澤賢一郎・忽那敬三訳 五八〇〇円

30 よりよき世界を求めて カール・R・ポパー著／小河原誠・蔭山泰之訳 三八〇〇円

31 ガダマー自伝 哲学修業時代 ハンス=ゲオルク・ガダマー著／中村志朗訳 三五〇〇円

32 虚構の音楽 ワーグナーのフィギュール フィリップ・ラクー=ラバルト著／谷口博史訳 三五〇〇円

49　横断　領有と超越論
上村忠男著
二一〇〇円

48　肯定の思考
デリダとアドルノ
林みどり訳
一四〇〇円

47　パッション
説のうちにおける説の政治
高橋哲哉・増田一夫・高桑和巳訳
二〇〇〇円

46　ジャック・デリダ編
湯浅博雄監訳
一〇〇〇〇円

45　私の死の瞬間
「私の死」批判的合理主義の思想
藤山泰之訳
一八〇〇円

44　自由の経験
ジャン=リュック・ナンシー著
澤田直訳
三四〇〇円

43　人間のなかの共同体
H・シェレル著
金井和子・新田滋訳
三〇〇〇円

42　ヤコブソン、ロマーン・ヤコブソンの神話
ヴァレンチン・ボセーリ編
山本啓編
三〇〇〇円

41　カーニヴァルのなかのバフチン
R・M・A・ボス。著
伊藤登士翁編
三〇〇〇円

39　科学と合理性の擁護
哲学研究会訳

37　1910年30年代

36　経験論序説
駆動としての詩
塚原史著
三五〇〇円

35　夢と幻想
谷口博史著
三五〇〇円

34　感じとしてのアドルノ
湯浅博雄著
三八〇〇円

33　〈アドルノ〉と思考
楡井雅人訳
三〇〇〇円

上村忠男著
三〇〇〇円

50 移動の時代 旅からディアスポラへ　カレン・カプラン著／村山淳彦訳　三五〇〇円
51 メタフランス ヘルダーリンの演劇　フィリップ・ラクー=ラバルト著／高橋透・高橋はるみ訳　一八〇〇円
52 コーラ プラトンの場　ジャック・デリダ著／守中高明訳　一八〇〇円
53 名前を救う 否定神学をめぐる複数の声　ジャック・デリダ著／小林康夫・西山雄二訳　一八〇〇円
54 エコノミメーシス　ジャック・デリダ著／湯浅博雄・小森謙一郎訳　一八〇〇円
55 私に触れるな ノリ・メ・タンゲレ　ジャン=リュック・ナンシー著／荻野厚志訳　二〇〇〇円
56 無調のアンサンブル　上村忠男著　二八〇〇円
57 メタ構想力 ヴィーコ・マルクス・アーレント　木前利秋著　二八〇〇円
58 応答する呼びかけ 言葉の文学的次元から他者関係の次元へ　湯浅博雄著　二八〇〇円
59 自由であることの苦しみ ヘーゲル『法哲学』の再生　アクセル・ホネット著／島崎隆・明石英人・大河内泰樹・徳地真弥訳　三二〇〇円
60 翻訳のポイエーシス 他者の詩学　湯浅博雄著　三二〇〇円
61 理性の行方 ハーバーマスと批判理論　木前利秋著　三八〇〇円
62 哲学を回避するアメリカ知識人　コーネル・ウェスト著／村山淳彦・堀智弘・権田建二訳　五八〇〇円
63 赦すこと 赦し得ぬものと時効にかかり得ぬもの　ジャック・デリダ著／守中高明訳　一八〇〇円
64 人間という仕事 アッシジのフランチェスコとフーコーの抵抗のモラル　ホルヘ・センプルン著／小林康夫・大池惣太郎訳　一八〇〇円
65 ピエタ ボードレール　ミシェル・ドゥギー著／鈴木和彦訳　三二〇〇円

本書の関連書

書名	著者	価格
哲学と大学　人文学と大学制度	守中高明著	三二〇〇円
表象の光学　歴史への視線	高橋哲哉著	六〇〇〇円
存在論的、郵便的　ジャック・デリダについて	高橋哲哉著	三五〇〇円
光のカオス	小林康夫著	一八〇〇円
逆光のロゴス　現代哲学のコンテクスト	小林康夫著	四八〇〇円
証言のポリティクス	小林康夫・西山雄二編	三二〇〇円
終わりなきパッション〈歴史を断ち切るために〉	西山雄二編	三四〇〇円

No.	書名	著者・訳者	価格
71	沖縄の歴史と文化	仲宗根勇編	三〇〇〇円
70	思想史の序説	仲里効編・新里里山訳	一八〇〇円
69	最後と知力たち　自然哲学　ライプニッツにおける自然哲学の原泉	ジャンニ・ヴァッティモ著／上村忠男・金山準訳	一八〇〇円
68	信原と反力論　宗教における「家」の原泉	ジャンニ・ヴァッティモ著／上村忠男訳	近刊
67	オペラ戦後文化論 1　肉体の言葉 1945-1970	小林康夫著／佐々木力	三〇〇〇円